Topos plus **Taschenbücher**
Band 642

Rita Haub

Sonne, Mond und Sterne

Jesuiten als Entdecker

Topos plus Taschenbücher

Topos plus **Verlagsgemeinschaft**

Butzon & Bercker, Kevelaer | Don Bosco, München
Echter, Würzburg | Verlag Katholisches Bibelwerk, Stuttgart
Lahn-Verlag, Kevelaer | Matthias-Grünewald-Verlag, Ostfildern
Paulusverlag, Freiburg Schweiz | Friedrich Pustet, Regensburg
Tyrolia, Innsbruck Wien

verlags gruppe engagement

Bibliografische Information der Deutschen Nationalbibliothek

Die Deutsche Nationalbibliothek verzeichnet diese Publikation in der Deutschen Nationalbibliografie; detaillierte bibliografische Daten sind im Internet über http://dnb.d-nb.de abrufbar.

2008 Verlagsgemeinschaft Topos plus, Kevelaer

Originalausgabe

Einband- und Reihengestaltung:
Akut Werbung GmbH, Dortmund
Satz: Schröder Media, Dernbach
Herstellung: Pustet, Regensburg
Printed in Germany

Topos plus – ISBN: **978-3-8367-0642-1**

www.toposplus.de

Inhalt

Vorwort

Im Jahr 2019 werden plötzlich außerirdische Signale intelligenten Lebens empfangen. Während die UNO noch über die Kosten einer Expedition zu dem fremden Planeten »Rakhat« berät, starten jesuitische Wissenschaftler im Raumschiff »Stella maris« ins All und begeben sich auf eine Mission, die sie an die Grenzen ihres Glaubens führt. – Jesuiten, die sich gegen alle Widerstände auf extreme Experimente und riskante Expeditionen einlassen, aus dem zentralen Motiv *zur größeren Ehre Gottes*, scheint die Menschheit nach wie vor zu faszinieren, wie der Inhalt der in der nahen Zukunft spielenden beiden Romane »Sperling« und »Kinder Gottes« der amerikanischen promovierten Anthropologin Mary Dona Russel aus dem Jahr 2000 zeigt.

Die Jesuiten waren von Beginn an als Missionare und Naturwissenschaftler nicht in fremde Länder gekommen, um Ruhmestaten auf ihren Forschungsgebieten zu erlangen. Im Vordergrund stand für sie die Bekehrung der Einheimischen. Da für sie jedoch keine halben Sachen galten, brachten sie nicht nur ihr wissenschaftliches Know how ein, sondern passten sich auch den Sprachen, Sitten und Gebräuchen der einzelnen Völker an und waren damit ihren Zeitgenossen weit voraus. Auch haben sie bewiesen, dass sich Religion und Naturwissenschaften nicht ausschließen, sondern sich verbinden lassen. Vor allem die moderne Astronomie verdankt den Jesuiten viel. Das hat mehreren von ihnen die Ehre eingebracht, einen Platz auf dem Mond einzunehmen.

Einige der »Jesuiten auf dem Mond«, aber auch weitere ihrer Mitbrüder, die sich mit der Sonne, dem Mond und den Sternen beschäftigt haben, sollen hier vorgestellt werden.

München, am 4. Oktober 2007 Dr. Rita Haub
dem 50. Jahrestag des Beginns
der Eroberung des Weltalls

Jesuiten auf dem Mond

Seitdem es überlieferte Zeugnisse menschlichen Denkens gibt, ist die Frage nach der Entstehung von Himmel und Erde eines der zentralen Themen. Die mindestens 3.600 Jahre alte »Himmelsscheibe von Nebra« ist die älteste konkrete Darstellung astronomischer Phänomene. Die annähernd kreisrunde Bronzeplatte mit einem Durchmesser von etwa 32 Zentimeter und zwei Kilogramm Gewicht wurde im Sommer 1999 von Raubgräbern in einer Steinkammer auf dem Mittelberg nahe der Stadt Nebra in Sachsen-Anhalt gefunden und befindet sich seit 2002 im Landesmuseum für Vorgeschichte in Halle. Diese Himmelsscheibe von unschätzbarem Wert – der Versicherungswert lag 2006 bei 100 Millionen Euro – zeigt Sonne, Mond und Sterne, ein Schiff, und als Ansammlung von sieben Goldpunkten den Sternenhaufen der Plejaden.

Und erst kürzlich sorgte ein Gemälde von Adam Elsheimer (1578–1610), des bedeutendsten deutschen Malers des 17. Jahrhunderts, für Aufsehen. Die meist kleinen Bilder des Künstlers zeigen Landschaften und sind überwiegend auf Kupfer in miniaturhafter feiner Ausführung, oft mit Hilfe einer Lupe gemalt. Bemerkenswert an seinem in der Münchner Alten Pinakothek ausgestellten Bild »Flucht nach Ägypten« ist die genaue Darstellung des Himmels und der Gestirne. Das Sternbild der Plejaden ist in Anordnung und Helligkeit richtig dargestellt. Die Milchstraße ist erstmals in der abendländischen Kunst nicht als Nebel oder Milch gemalt, sondern besteht aus einzelnen Sternen, und auf der Oberfläche des Mondes sind, wie in Wirklichkeit, Krater dargestellt. Diese Details sind von der Erde mit bloßem Auge nicht zu entdecken. Alles deutet darauf hin, dass Elsheimer Zugang zu einem der gerade erfundenen Teleskope gehabt haben muss. Dr. Christian Sicka und einem weiteren Mitarbeiter des Deutschen Museums in München ist die exakte Datierung des Sternenhimmels auf den 16. Juni 1609, 21:45 Uhr gelungen.

Vor einem halben Jahrhundert, am 4. Oktober 1957, begann die Eroberung des Weltalls: Die Sowjetunion startete den Sputnik, den ersten Erdsatelliten der Welt. Am 23. Dezember 1968 umflog das amerikanische Raumschiff Apollo 8 zehn Mal den Mond. Captain Frank Borman fotografierte seine Oberfläche, um eine geeignete Stelle für die erste Mondlandung im darauffolgenden Jahr zu finden. Bei einer Fernsehübertragung las er die ersten Sätze des Schöpfungsberichtes aus der Bibel als *eine Weihnachtsbotschaft der amerikanischen Astronauten für alle Nationen der Erde.* Von Papst Paul VI. empfing er die Fahne des Vatikans, die er zusammen mit den Fahnen anderer Nationen als ein *Symbol des Weltfriedens* mitnehmen wollte. Er bat um den Segen des Papstes für die geplante Mondlandung, obwohl keiner der amerikanischen Astronauten der katholischen Kirche angehörte. Am 16. Juli 1969 schließlich startete das Raumschiff der amerikanischen Weltraumbehörde NASA, Apollo 11, zum Mond. Mit den Worten *Ein kleiner Schritt für einen Menschen, aber ein Riesenschritt für die Menschheit!* betrat Neil Armstrong am 20. Juli als erster Mensch den Erdtrabanten.

Der Tag war ein Triumph der menschlichen Wissenschaft. Der Papst selber verfolgte den Weg des Raumschiffes und sandte nach der erfolgreichen Landung von der Vatikanischen Sternwarte aus folgende Radiobotschaft zu den Astronauten: *Hier spricht Papst Paul VI. aus der Sternwarte von Castel Gandolfo. Ich sende meinen Gruß und meinen Segen an die Eroberer des Mondes. Mit eurer Anwesenheit und mit den Worten der Seele sollt ihr ihm die Herrlichkeit Gottes verkünden, der unser Vater im Himmel ist. Wir sind mit euch durch unsere Gebete und Glückwünsche. Verbunden mit der Person des Papstes grüßt euch die ganze Gemeinde der katholischen Kirche.* – 2018 soll »Orion«, technisch eine Neuauflage der »Apollo«, wieder zum Mond fliegen, um dort eine Art Kolonie einzurichten, von wo aus dann ein bemannter Flug zum Mars stattfinden soll. Und für 2012 ist auch eine deutsche Mondmission geplant: Nach Angaben des Deutschen Zentrums für Luft- und Raumfahrt (DLR) soll eine deutsche Raumsonde in 50 Kilometer Entfernung um den Erdtrabanten fliegen. Das ist deutlich näher als die 300–400 Kilometer Entfernung der internationalen Raumstation ISS.

Für den Ordensgründer Ignatius von Loyola ist klar, dass für einen Jesuiten die Arbeit am Reich Gottes höchstes und primäres Ziel ist. Alles andere kann nur darauf hingeordnet sein. Seine Gedanken über den von ihm gegründeten Orden legt er nieder in seinem Grundgesetz, den »Constitutiones«.

Nachdem er sich dort zuerst über die Zielsetzung des Ordens auslässt, fragt er in Teil IV, wie die jungen Jesuiten auszubilden sind. In diesem Teil handelt Kapitel 12 *von den Wissenschaften, die auf den Universitäten der Gesellschaft Jesu zu unterrichten sind.* An erster Stelle steht natürlich die Theologie. Alle anderen Gebiete sind von daher gesehen bloße Hilfswissenschaften, Wissenschaften, die helfen, den Boden für ein tieferes Verständnis vorzubereiten. Hier werden die humanistischen Fächer Grammatik, Rhetorik, Poesie und Geschichte genannt, sowie Latein, Griechisch und Hebräisch. Weitere Sprachen kommen je nach Region noch dazu. Dann heißt es in Nr. 450 der Satzungen: *Weil Philosophie und Naturwissenschaften den Geist für die Theologie bereiten und zu deren perfekten Kenntnis und Anwendung dienen, sowie von sich aus zum selben Zweck hilfreich sind, sollen sie mit angemessener Sorgfalt durch gelehrte Professoren behandelt werden, dabei aber aufrichtig die Ehre Gottes suchen.* In einer Fußnote erklärt Ignatius, was er zu den Naturwissenschaften rechnet: Logik, Physik, Metaphysik und Mathematik. Da wir heute Logik und Metaphysik zur Philosophie zählen, bleiben Physik und Mathematik. Chemie gab es damals praktisch nicht, und die Biologie wird von Aristoteles, dem Hauptautor, unter Physik abgehandelt. – Aus der Praxis der damaligen Zeit ist zu ergänzen, dass Mathematik wirklich nur eine Hilfswissenschaft für etwas Erhabeneres war, nämlich für die Astronomie.

Die Astronomie – »Tochter der Religion«

Die Astronomie gilt als die älteste Wissenschaft überhaupt und wird gerne als »Tochter der Religion« bezeichnet. Sie war schon immer ein Lieblingskind der katholischen Kirche, unter deren Schutz sie aus dem Bann abergläubischer Astrologie befreit wurde. Die Jesuiten nahmen an ihren Fortschritten und ihrem Aufschwung tätigen Anteil. Die Astronomie bildete meistens ein Lieblingsstudium der Professoren der Mathematik und Physik an den großen europäischen Kollegien und Akademien. Und in den Missionen war die Astronomie zum Teil eine notwendige Stütze der apostolischen Arbeiten.

Bedeutende Jesuiten-Gelehrte standen an der Spitze der Sternwarten in Europa. In der chinesischen Mission arbeiteten Jesuiten als Hofastronomen in Peking seit Matteo Ricci in Kalenderfragen, bei kartographischen Messungen, Beobachtungen der Sterne und in anderen Zweigen der praktischen Astronomie. Adam Schall von Bell, Ferdinand Verbiest und deren Nachfolger am Kaiserhof waren ebenso verdienstvolle Mathematiker, Physiker und Astronomen als eifrige Katecheten.

Als Vertreter der mathematischen Astronomie hatte sich schon im 16. Jahrhundert Christoph Clavius bei der Gregorianischen Kalenderreform verdient gemacht. Ebenso genoss der Franzose Denis Petau großes Ansehen in der Chronologie. Die Arbeiten der Astronomen des Jesuitenordens bis zur Aufhebung 1773 galten meistens der praktischen Erforschung des Himmels, namentlich der Sonne und der Planeten, nach der Vervollkommnung der Fernrohre auch der Fixsterne. Der berühmteste Beobachter des 17. Jahrhunderts war Christoph Scheiner, der sich namentlich dem Studium der Sonne widmete und auch zur Verbesserung der Fernrohre beigetragen hat.

Eine der ersten Errungenschaften der Jesuiten nach der Wiederherstellung des Ordens 1814 war die Übernahme der Sternwarte am alten Römischen Kolleg, die neu aufgebaut und auf den Höhepunkt wissenschaftlicher Arbeit geführt wurde.

Gibt es Jesuiten auf dem Mond?

Ja! Aber die Astronauten, die auf den Mond kommen, werden dort keinen hochwürdigen Pater vorfinden, der sie bei ihrer Ankunft einlädt, auf dem Meer der Ruhe achttägige Exerzitien zu machen. Es gibt eine aristokratischere Art, auf dem Mond zu sein, ohne sich die Füße mit Staub zu beschmutzen und ohne den Kopf in eine Raumkapsel zu stecken: Die Anwesenheit der Jesuiten auf dem Mond ist eine wissenschaftliche.

Seit Adam im Paradies von Gott die Macht empfangen hatte, Tieren und Dingen einen Namen zu geben, hatten seine Nachkommen nichts Eiligeres zu tun, als dieses Vorrecht des Geistes auf die Himmelskörper auszudehnen, die sie erkennen konnten, ohne die Entdeckung des Teleskops abzuwarten. Als

Erster richtete Galileo Galilei am 30. November 1609 sein selbstentwickeltes Teleskop auf den Mond, wo er den vier Tage alten Mond im Okular verschwommen sichtete. Weitere Beobachtungen von unterschiedlichen Mondphasen machte er an den drei aufeinanderfolgenden klaren Abenden des 1., 2. und 3. Dezember und weitere am 18. und 19. Dezember. Darüber fertigte er detailgenaue Zeichnungen an und veröffentlichte sie im März 1610 im »Nuncius Sidereus« (»Sternenboten«). Diese ersten Zeichnungen, die viele Einzelheiten zeigen, sind aber von exakten Mondkarten noch weit entfernt. Die erste richtige Mondkarte, die diesen Namen auch verdient, veröffentlichte der römische Philosophieprofessor Cesare Lagalla 1612 in seinem in Venedig erschienenen Buch »Disputatio physica de phaenomenis in orbe lunae«. Ein Jahr später präsentierte Christoph Scheiner, Jesuit und Zeitgenosse Galileis, der eine eigene Sternwarte in der Heilig-Kreuz-Kirche in Ingolstadt mit Teleskopen hatte, seine Mondbeobachtungen.

Das erste Werk von wissenschaftlichem Format erschien 1645: Der Belgier Michael Florentinus Langraenus (1598–1675), Mathematiker und seit 1626 Kosmograph des spanischen Königs, erstellte eine genaue Karte des Mondes, in der er bereits 270 Anhaltspunkte in der Mondlandschaft orten konnte. Diesen ersten Touristenführer des Mondes gab er 1645 unter dem Titel »Selenographia Langraenea« heraus. Langraenus bediente sich für die Bezeichnung seiner Entdekkungen der Namen zeitgenössischer Gelehrter, die er kannte, so dass sich hier bereits unter den Namen der Persönlichkeiten, die er über den Mond verstreut hatte, einige Jesuiten befanden. Für bestimmte Gegenden aber gab er einer moralischen oder zivilen Nomenklatur den Vorzug, wie *Terra dignitatis, Terra virtutis, Oceanus Philippicus* oder *Mare Copernicanum.* Zwei Jahre später war die Aufstellung von Langraenus überholt durch den Astronomen Johannes Hevelius aus Danzig, dessen Karten in seiner »Mappa Selenographica« 550 Namen trugen. Unter den exakten Karten des Mondes befand sich auch eine Vollmondansicht, bei der sämtliche Mondstrukturen so dargestellt waren, als ob sie von der Seite beleuchtet wären. Vier Jahre später war auch dieses Werk veraltet: Der Rechtsanwalt Eustachius de Divinis beobachtete den Vollmond mittels eines selbstgebauten Fernrohrs genauestens und gab eine neue Karte heraus, zu der er die Druckplatten selbst herstellte. Zwei Jahre später finden wir den ersten Jesuiten auf dem Gebiet dieser Wissenschaft: Hieronymus de Sirsalis, der sich darauf beschränkte, eine sehr genaue Karte ohne Erläuterung und Nomenklatur herauszugeben.

In Bologna beschäftigt sich der Jesuitenpater Giovanni Battista Riccioli (1598–1671) ebenfalls mit der Zeichnung von Mondkarten. Er studierte alle bisherigen Forschungen und bemühte sich, das Observatorium des Römischen Kollegs mit allem auszustatten, was es auf der Welt gab. Er erhielt die besten Teleskope als Geschenk oder als Leihgabe für seine Beobachtungen. Damit nicht zufrieden, kaufte er sich bei einem bayerischen Kunsthandwerker ein hervorragendes Teleskop, das mit so hellen Linsen ausgestattet war, dass er bis dahin nicht gekannte Vergrößerungen machen konnte. Zur Unterstützung für seine Forschungen gewann er den Bolognesen Francesco Maria Grimaldi (1618–1683), der sich nach 25 Jahren Lehrtätigkeit leidenschaftlich der Physik und Astronomie verschrieben hatte, wo er auf dem Gebiet der Lichtbrechung Pionierarbeit leistete und so für Robert Hooke, Isaac Newton und Auguste Jean Fresnel den Weg bereitete. Mit einem solchen Mitarbeiter konnte er nach zahlreichen Beobachtungen des Vollmondes und nach einigen Arbeitsjahren eine noch präzisere Karte erstellen, die bis zu 600 klar zu unterscheidende Details zeigt, davon viele, die man nur im Licht der Dämmerung wahrnehmen konnte. Diese Karte veröffentlichte er 1651 in seinem »Almagaestum novum«, einem stattlichen Band, dessen Name entfernt an das Opus des Ptolemaeus anklingt, das unter dem arabisch-griechischen Namen »Almégiston« bekannt war.

Die Nomenklatur Ricciolis, die im Wesentlichen noch heute in Gebrauch ist, zeichnet sich durch ein komisches Gemisch von wissenschaftlicher Beobachtung, literarischer Spitzfindigkeit und phantasiereicher Poesie aus: Wie seine Vorgänger erwies er zuerst den berühmten Astronomen, die seine Bildung beeinflusst hatten, seine Ehrerbietung. Dabei schloss er aber die Astrologen aus, um die wissenschaftliche Würde des Berufs nicht zu kompromittieren. Was die Landschaften, Kontinente und Meere betrifft, so gab er ihnen Namen, die ihm seine visuellen Eindrücke im Augenblick der Beobachtung nahe legten, wie *Mare Nubium, Peninsula Deliriorum, Palus Nebulorum, Mare Nectaris, Mare Tranquillitatis.*

An welche Stelle nun hat Riccioli die Jesuiten gesetzt? – Er teilte sein Beobachtungsfeld in acht gleiche Teile durch einen einfachen Strich von vier Durchmessern, die die Mondscheibe unterteilen. Die Namen der alten Wissenschaftler kamen in die oberen Abteilungen, die der jüngeren in den unteren Teil der Zeichnung.

Unter denen, die man auch heute noch auf der Mondkarte lesen kann, befinden sich 25 Jesuiten, die folgendermaßen verteilt sind:

Im 5. Oktant:
Furnerius: Georges Furner (gest. um 1643), französischer Jesuit, Mathematikprofessor in Paris, markante Wallebene (125 km)
Petavius: Denis Petau (1583–1652), französischer Theologe, Historiker, und Chronologe, Ringgebirge (177 km), auf dem Grund Zentralberge, Rillen, dunkle Flecken

Im 6. Oktant:
Arzet: Andreas Arzet (1604–1675), deutscher Mathematiker
Bartolius: Daniel Bartoli (1608–1685), französischer Professor der Literatur und Prediger, Lebensbeschreibungen des Ignatius von Loyola und Franz Xaver, Verfasser einer Geschichte der Jesuiten in Asien
Bettinus: Mario Bettini (1582–1657), italienischer Philosoph, Mathematiker und Astronom, Krater (71 km)
Blancanus: Giuseppe Biancani (1566–1624), italienischer Mathematiker, Geograph und Astronom, Krater (105 km)
Cabeus: Niccolo Cabeo (1586–1650), italienischer Mathematiker, Philosoph und Astronom, Krater (etwa 98 km)
Clavius: Christoph Clavius (Klau; 1537/38–1612), deutscher Mathematiker und Astronom, genannt der »Euklid des 16. Jahrhunderts«, eine der bekanntesten Wallebenen (225 km)
Curtius: Albert Curtz (1600–1671), deutscher Astronom, publizierte die Beobachtungen von Tycho Brahe, Krater (95 km)
Cysatus: Johannes Baptist Cysat (1588–1657), Schweizer Mathematiker und Astronom, Krater (49 km)

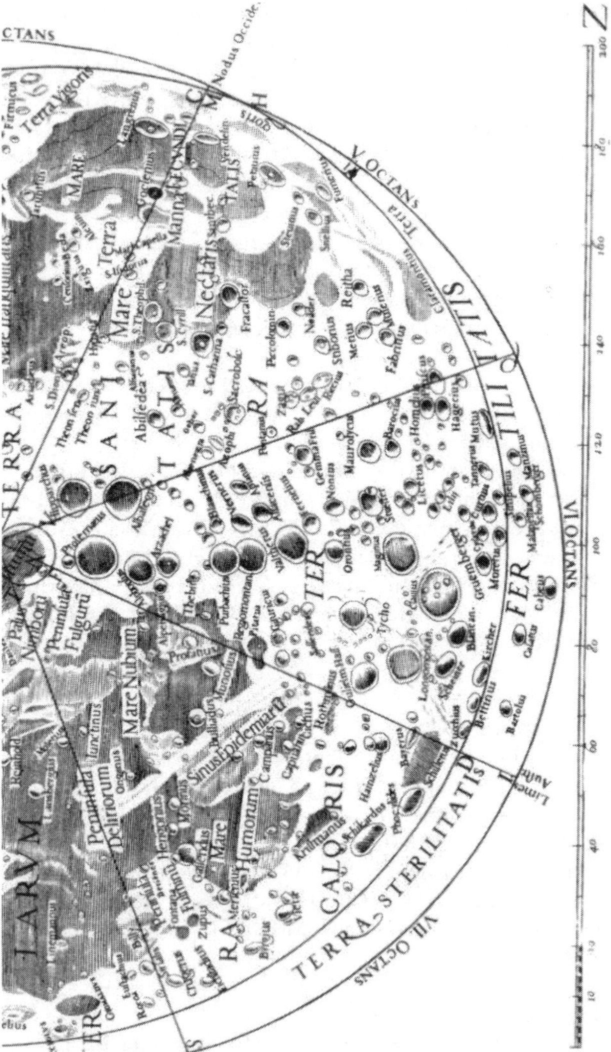

Oktanten V–VI der Mondkarte des Giovanni Battista Riccioli SJ.

Gruemberger: Christoph Grienberger (1561–1638), österreichischer Mathematiker und Astronom, Krater (94 km)
Kircher: Athanasius Kircher (1601–1680), deutscher Mathematiker und Professor für orientalische Sprachen, Krater mit lavaüberflutetem Grund (73 km)
Malapertius: Charles Malapert (1581–1630), belgischer Mathematiker, Philosoph und Astronom, unregelmäßiger Krater (69 km) in Polnähe
Moretus: Théodore Moretus (1602–1667), belgischer Mathematiker, Ringgebirge (114 km), Zentralberg
Scheinerus: Christoph Scheiner (1575–1650), deutscher Mathematiker und Astronom, erste systematische Sonnenbeobachtung, Krater (110 km)
Schomberger: Georg Schomberger (1597–1645), österreichischer Mathematiker und Astronom, hielt die Sonnenflecken für Sonnensatelliten (*stellae solares*), Krater (85 km)
Simpelius: Hugh Sempil (Sempilius; 1596–1654), schottischer Sprachwissenschaftler und Mathematiker, Krater (70 km)
Tannerus: Adam Tanner (1572–1632), österreichischer Mathematiker und Theologe, scharfkantiger Krater (29 km)
Zucchius: Niccolo Zucchi (1586–1670), italienischer Mathematiker und Astronom, einer der ersten Beobachter der Jupiterstreifen, Krater (36 km)

Im 7. Oktant:
Billy: Jacques de Billy (1602–1679), französischer Jesuit, Mathematiker und Astronom, lehnte die Astrologie und abergläubische Vorstellung über die Kometen ab, lavaüberfluteter Krater mit sehr dunklem Boden (46 km) / auf der Grenze zwischen dem 7. und 8. Oktanten
Derienes: Jean Derienes (1591–1662), französischer Geograph
Zupus: Giovanni Battista Zupi (etwa 1590–etwa 1650), italienischer Jesuit und Astronom, Rest eines lavaüberfluteten Kraters (38 km)

Im 8. Oktant:
Grimaldus: Francesco Maria Grimaldi (1618–1663), italienischer Physiker, Astronom, Autor der Mondkarte, die Riccioli als Grundlage für seine Nomenklatur diente, Becken, dessen lavaüberflutete Mitte von einem Innenwall von 222 km

Durchmesser umgeben ist. Der nur teilweise erhaltene Außenwall hat einen Durchmesser von 430 km
Ricciolus: Giovanni Battista Riccioli (1598–1671), italienischer Jesuit, Philosoph, Theologe und Astronom, Autor des Werks »Almagaestum Novum«, in dem er das bis heute verwendete System der Mondnomenklatur einführte, Wallebene (146 km)
Sirsalis: Girolamo Sirsalis (Sersale; 1584–1654), italienischer Jesuit, Selenograph, Krater (42 km)

Unter den Ortsbezeichnungen mit der Endung »SJ«, die man aktuell auf der Mondkarte lesen kann und deren sich noch heute die Astronauten bedienen, befinden sich 35 Naturwissenschaftler-Jesuiten, die auf den Gebieten der Astronomie, Physik und Mathematik tätig waren. Zu den 25 Jesuiten, die bereits Riccioli verzeichnet hatte, kamen nach seinem Tod 1671 noch weitere 14 hinzu:

Boscovich: Ruggiero Giuseppe Boscovich (1711–1787), italienischer Physiker
De Vico: Francesco de Vico (1805–1848), italienischer Astronom
Fényi: Gyula Fényi (1845–1927), ungarischer Astronom
Hagen: Johann Georg Hagen (1847–1930), österreichischer Astronom
Hell: Maximilian Hell (1720–1792), ungarischer Astronom
Kugler: Franz Xaver Kugler (1862–1929), deutscher Chemiker, Mathematiker, Astronom und Assyriologe
McNally: Paul A. McNally (1890–1955), amerikanischer Astronom
Mayer: Christian Mayer (1719–1783), deutscher Astronom, Experimentalphysiker, Geodät, Kartograph und Metereologe
Riccius: Matteo Ricci (1552–1610), italienischer Missionar in China, Mathematiker und Astronomielehrer
Rodes: Rodes (1881–1939), ungarischer Astronom
Romana: Romana, spanischer Astronom
Secchi: Pietro Angelo Secchi (1818–1878), italienischer Astronom und Astrophysiker
Tacquet: Andre Tacquet (1612–1660), belgischer Mathematiker
Stein: J. W. Stein (1871–1951), niederländischer Astronom

31 der Krater wurden 1935 von der 1919 gegründeten »International Astronomical Union« (IAU) in die Nomenklatur des »National Air and Space Museum« (NASM) eingetragen, fünf (Fényi, Hagen, Kugler, McNally und Stein) folgten 1970, vier wurden gestrichen (Arzet, Bartolius, Derienes und Curtius).

Die friedliche Invasion des Mondes durch die Jesuiten beruht darauf, dass sie sich von Beginn an für alle menschlichen Zweige des Wissens interessierten, besonders für die Astronomie. Franz Xaver, 1549 kaum in Japan angekommen, bat Ignatius von Loyola, ihm jemanden zu schicken, der die Weltkugel kannte. Und Matteo Ricci, der seit 1601 seine größten apostolischen Erfolge am Hof zu Peking dank seines Sternhöhenmessers erzielte, war nicht der einzige Missionsastronom, der sich seiner Wissenschaft bediente, um den Glauben zu verbreiten. – Die moderne Astronomie verdankt den Jesuiten viel. Und als der Orden 1773 aufgehoben wurde, wurden von den weltweit existierenden 130 astronomischen Observatorien 30 von Jesuiten geleitet.

Europa

Christoph Scheiner

Christoph Scheiner wurde am 25. Juli 1575 in Markt Wald bei Mindelheim als Sohn des »Scheinerbauern« geboren. Über seine Familie und seine Kindheit ist nichts bekannt. – In den Urbaren aus den Jahren 1568 und 1624 von Irmatshofen, das inzwischen in Markt Wald aufgegangen ist, finden sich vier »Scheiner«: 1568 ein *Adam* und ein *Hans, Scheinerbauer von Solern*; 1624 ein *Jacob* und 1600 ein *Georg Scheiner*, der eine Art Untervogt in Fuggerschen Diensten war – war dieser vielleicht der Vater oder Onkel Christoph Scheiners? Am 20. Dezember 1622 ist ein *Sebastian Scheiner von Mindelhaimb* eingetragen, Diener und Hausmeister bei dem Freiherrn Hans Fugger dem Älteren. An der Ostseite des ehemaligen Schulhauses, dem heutigen Rathaus der Marktgemeinde Markt Wald, erinnert heute nur mehr eine Gedenktafel an den großen Sohn der Stadt, die sich vormals am 1977 wegen Baufälligkeit abgebrochenen Geburtshaus befand.

In wieweit eine Verbindung Christoph Scheiners zu dem Astrophysiker Julius Scheiner besteht, bliebe zu klären. Dieser lebte von 1858 bis 1913, arbeitete seit 1887 am Astrophysikalischen Observatorium Potsdam und war seit 1894 Professor in Berlin. Er hat besonders durch seine spektroskopischen Arbeiten die Astrophysik sehr gefördert. Er erfand das Universalsensitometer, das die Lichtempfindlichkeit fotografischer Platten und Filme in den nach ihm benannten – heute nicht mehr gültigen und durch genormte DIN-Zahlen verdrängten – »Scheiner-Graden« misst.

Christoph Scheiner besuchte zunächst das Jesuitengymnasium in Landsberg am Lech. Von Mai 1591 bis 25. Oktober 1595 war er Schüler des Jesuitengymnasiums St. Salvator in Augsburg, wo er beim Hausverwalter wohnte und das er als Rhetor abschloss. Am 26. Oktober 1595 trat Scheiner in das Noviziat der Gesellschaft Jesu in Landsberg ein. Die Priesterweihe empfing er am 4. April 1609 in Eichstätt. Die Letzten Gelübde der Armut, Ehelosigkeit, des Gehorsams und der Papstverpflichtung legte er am 31. Juli 1617 in Ingolstadt ab. Sein Philosophiestudium in Ingolstadt (Metaphysik und Mathematik, 1598–1601) und Dillingen, wo er Lateinlehrer am dortigen Jesuitengymnasium war (1602–1605), schloss Scheiner mit dem Magister Artium ab, das Theologiestudium in Ingolstadt (Herbst 1605–1609) am 30. Juni 1609 mit dem Doktorat. 1610–1617 war er in Ingolstadt als Nachfolger seines Lehrers Johannes Lantz SJ Professor für Mathematik und Hebräisch. Er hielt Vorlesungen über Sonnenuhren, über praktische Geometrie, Astronomie und Optik und ein Seminar über das Fernrohr. Auch fallen in diese Zeit seine bedeutendsten literarischen Arbeiten, wenn sie zum Teil auch erst viel später gedruckt wurden.

Im Herbst 1620 kam Scheiner, der *bei weitem der ausgezeichnetste unter allen*, wie Heinrich Schreiber, der Historiograf der Universität Freiburg ihn 1859 nennt, – zusammen mit sechs weiteren zum Lehramt bestimmten Jesuiten – auf

Christoph Scheiner SJ. Gemälde eines unbekannten Meisters, um 1724.

Wunsch Erzherzog Leopolds V. von Tirol (1586–1632, Bruder Kaiser Ferdinands II., Bischof von Breslau, Passau und Straßburg) nach Freiburg und übernahm dort den Lehrstuhl für Mathematik. Bereits am 3. November finden wir ihn als Mitglied des neuernannten Professorenkollegs in die Matrikel der Universität eingetragen. Die feierliche Einführung der Jesuiten in Freiburg war am 15. November 1620, bei der Erzherzog Leopold V., dessen Bruder Erzherzog Karl (1590–1624, Bischof von Brixen, Hoch- und Deutschmeister), der Fürst von Heitersheim (Prior des Johanniterordens in Heitersheim), Johann Friedrich Hund von Saulheim, die Abgesandten der Bischöfe von Konstanz und Basel, zahlreiche Adelige, Geistliche, die Professoren der Universität und die Professoren der Jesuiten anwesend waren. Die Einführung der Jesuiten stieß auf große Schwierigkeiten von Seiten der bisherigen Professoren, da deren Positionen zum Teil von Jesuiten eingenommen werden sollten. Am 24. November begannen die Vorlesungen. Erzherzog Leopold V. überwies 130 Gulden zur Erbauung einer kleinen Sternwarte auf dem Dach des Universitätsgebäudes und ließ die Bücher und Instrumente des bis 1611 in Freiburg tätigen Mathematikers Johannes Lantz SJ für Scheiner ankaufen.

Wie Scheiner am 21. Januar 1621 an den Ordensgeneral Mutius Vitelleschi SJ schrieb, stand er schon damals in Beziehungen zu Erzherzog Karl, der ihn zum ständigen Beichtvater wünschte. Doch Vitelleschi war davon nicht begeistert, denn er meinte zum einen, dass gegen Scheiner spreche, dass er sich seit vielen Jahren ganz der Mathematik gewidmet und wahrscheinlich wenig mit Studien befasst habe, die für ein solches Beichtvateramt notwendig seien. Dazu sei er auf Wunsch Erzherzog Leopolds an die Universität Freiburg berufen worden. Wenn sich auch der Erzherzog mit der Niederlegung seines Amtes einverstanden erklären sollte, so würde dies doch sicher zum Schaden des Freiburger Kollegs sein. – Doch Erzherzog Karl blieb bei seiner Wahl und Scheiner wurde bereits im Frühjahr 1621 wieder aus Freiburg abberufen, noch ehe der Bau seines Observatoriums hatte begonnen werden können.

Nachfolger Christoph Scheiners in Freiburg wurde einer seiner ehemaligen Schüler, Georg Schönberger SJ. Er verfasste unter Scheiners Leitung eine Dissertation über die Sonnenuhren, in der er eine geometrische Theorie der Sonnenuhren entwickelt und ihre praktische Herstellung in allen Einzelheiten angibt (»Exegeses fundamentorum gnomonicorum«, 1615), und war dann für neun Jahre Nachfolger Scheiners auf dem Lehrstuhl für Mathematik in Freiburg. Schönberger widmete seine Freiburger Thesen mit dem Titel »Sol Illustratus« Erzherzog Leopold. Scheiner schrieb dazu am 19. Dezember 1626 an den Erzherzog, dass er seinem Lieblingsschüler Schönberger einst in Ingolstadt und Freiburg seine Thesen über die Sonnenflecken und Sonnenphänomene unter dem Siegel der Verschwiegenheit mitgeteilt habe. Jetzt sei er beunruhigt über eine Publikation der Thesen, denn dadurch setze er seine eigenen Arbeiten einer Gefahr durch Galilei aus. Und er erbat sich vom Erzherzog, dass dieser kein Exemplar der Thesen Schönbergers nach Rom schicken werde.

1622 kam Scheiner nach Neisse in Schlesien. – Rudolf II. hatte 1609 den Protestanten der drei weltlichen Stände Böhmens Religionsfreiheit gewährt und gestattet, eigene Kirchen zu bauen. Dasselbe wünschten auch die Protestanten Schlesiens von Erzherzog Karl, der seit 1608 Bischof von Breslau war. Der Kirchenfürst lehnte ab und ließ die Gesandten der Bürger Neisses nach ihrer Rückkehr festnehmen. Der darauf ausbrechende Aufstand veranlasste den Erzherzog zur Flucht aus seiner Residenzstadt Neisse zu seinem Bruder Leopold nach Innsbruck. Hier lernte er Christoph Scheiner kennen und schätzen. Er wünschte ihn sich als Beichtvater; der Provinzial der Jesuiten stimmte zu.

Als Kurfürst Johann Georg von Sachsen 1621 den schlesischen Aufstand niedergeworfen hatte, kehrte ein Jahr später Bischof Karl Ernst mit seinem Beichtvater Scheiner in sein Bistum Breslau und dessen Regierungssitz Neisse zurück. Karl Ernst hatte für den Fall seiner Rückkehr gelobt, in Neisse ein Jesuitenkolleg zu errichten. Die 1614 wegen der Spannungen mit den Protestanten entlassenen Jesuiten kamen nun wieder und erhielten alle Vollmacht. Das Gymnasium bei der Pfarrkirche St. Jakob und das Kreuzherrenstift samt Kirche wurde den Jesuiten übergeben. Dazu erhielten sie eine Reihe Bürgerhäuser an der Stadtmauer. Mit 6.000 Gulden des Domkapitels sollte ein Kolleg errichtet werden. Scheiner, seit

23. April 1623 Hausoberer des neueingeweihten Kollegs mit erst vier, dann sieben Patres, schließlich Rektor mit acht Patres und vier Magistern, hatte eine Fülle an Arbeit zu bewältigen. In Zusammenarbeit mit dem Bischof legte er im Kolleg Laboratorien und eine Goldschmiedewerkstätte an. 1624 verließ Scheiner Neisse, um sich mit Erzherzog Karl nach Innsbruck zu begeben. Scheiner reiste dann nach Rom weiter, um dort Gründungsangelegenheiten des Kollegs in Neisse zu erledigen. Erst 1636 kehrte er in die oberschlesische Stadt zurück, wo er seine letzten dreizehn Lebensjahre frei von schulischen Verpflichtungen, nur seelsorglicher und wissenschaftlicher Tätigkeit hingegeben, verbrachte. Scheiner starb am 18. Juli 1650 an den Folgen eines Schlaganfalls. – In Neisse selbst finden sich keine Hinweise mehr auf Scheiner. Die Jesuitengruft wurde vor Jahren überschwemmt und die Gräber zerstört.

Scheiner, ein mittelgroßer Mann mit stechend scharfen Augen und einem modischen Schnauzbart, war ein herausragender Naturwissenschaftler, dessen Leistungen noch heute aktuell sind. Gleich hervorragend als Mathematiker, Physiker und Techniker konstruierte er 1603 den Pantografen, auch »Storchenschnabel« genannt, ein Zeicheninstrument, mit dessen Hilfe man Linien oder ein Bild in vergrößertem oder verkleinertem Maßstab kopieren kann; niedergelegt sind Beschreibung und Konstruktionsanweisung in seinem Werk »Pantographice seu ars delineandi« (Rom 1631). Im selben Jahr konstruierte er für eine Untersuchung der Kegelschnitte den Ellipsenzirkel. Zur Beobachtung des Kometen von 1607 baute er an einem einzigen Tag einen hölzernen Sextanten, um die Bahn des neuen Kometen besser vermessen zu können – ein erstaunlicher Beweis für sein großes praktisches Geschick. Scheiner beobachtete im Turmzimmer der Heilig-Kreuz-Kirche zu Ingolstadt, das ihm als Observatorium diente, 1611 zum ersten Mal die Sonnenflecken und bestimmte die Rotationszeit der Sonne und die ganze Lage ihres Äquators. Er baute Instrumente zur Beobachtung des Weltalls und erstellte 1614 die erste Mondkarte. Und er machte zahlreiche Entdeckungen zur physiologischen Optik des Auges, die er im »Oculus: hoc est fundamentorum opticum« (Innsbruck 1619) beschrieb. Die meteorologische Optik bereicherte Scheiner durch seine Beschreibung einer sehr merkwürdigen Nebensonnenerscheinung, des so genannten Halo-Phänomens, die er am 20. März 1629 in Rom wahrnahm und die seitdem als »Römisches Phänomen« in den Lehrbüchern zu finden ist – diese Bezeichnung hat der französische Philosoph und Mathematiker René Descartes aufgebracht, der, da Scheiner selbst erst über seine neuerliche Beobachtung aus dem Jahr 1630 in der »Rosa Ursina« berichtete und die erste Beobachtung nicht publizierte, diese erste Beschreibung 1637 in seinen »Météores« der Gelehrtenwelt vorlegte, allerdings ohne Scheiners Namen zu erwähnen.

Halo-Erscheinungen sind atmosphärisch-optischer Natur, sie entstehen durch Spiegelung oder Brechung des direkten Sonnenlichtes an Eiskristallen. Voraussetzung für die Entstehung eines Halos sind Eiskristalle in der Atmosphäre, sie kündigen sich meist durch so genannte Cirrus-Wolken an, da sie sich bevorzugt in derartigen Wolkenformen bilden können. Es gibt über 30 verschiedene Halo-Arten.

Mit Erzherzog Leopold V. von Tirol führte Scheiner von 1620 bis zum Tod des Landesfürsten 1632 einen intensiven Briefwechsel. Darin finden sich Berichte über die Wirren des Dreißigjährigen Krieges in Schlesien, über den Bau der Jesuitenkirche in Innsbruck, über die Neubelebung der Universität Freiburg im Breisgau und über die Verhältnisse in Rom. Er berichtet über seine Arbeit an dem Buch über die Sonnenflecken und erwähnt in seinem Schreiben vom 10. Januar 1626 Galilei: *Über meine Arbeit über die Sonnenflecken, darum bitte ich inständig, soll Galilei nichts erfahren; und falls man seine eigenen kennen und haben kann, so soll das bitte geschehen.*

Der Pantograf

Seine erste bedeutende Erfindung machte Scheiner 1603 während seines Aufenthaltes in Dillingen. Hier erzählte ihm ein Maler, dass er mit einem Gerät nicht nur jedes Bild genau abzeichnen, sondern sogar vergrößern und verkleinern könne. Da sich der Künstler weigerte, das Gerät zu zeigen, fand Scheiner selbst – im Traum – die Lösung heraus und baute aufgrund mathematischer Überlegungen ein Gerät, dem er den Namen »Parallelogrammos« gab, heute bekannt unter »Pantograf« oder »Storchenschnabel«, mit dem er Zeichnungen genau abbilden konnte. Der Jesuit war damals bereits als Naturwissenschaftler so berühmt, dass er von Herzog Wilhelm V. von Bayern, der sich intensiv mit Kunst und Wissenschaft befasste, nach München gerufen wurde, um ihm das Gerät zu erklären. Scheiner entwickelte das Gerät weiter und verfasste 1631 darüber ein Buch, das unter dem Titel »Pantographice seu ars delineandi« in Rom erschien. Darin berichtet er über die Anregung zu dieser Erfindung und liefert dann eine detailgetreue Beschreibung des Pantografen, so dass man ihn anhand der beigefügten Konstruktionsbeschreibung problemlos nachbauen kann. Scheiner gibt praktische Anweisungen zur vielfältigen Einsatzmöglichkeit des Gerätes.

Das Zeichengerät besteht aus vier Holzstäben, die zu einem Parallelogramm mit beweglichen Ecken zusammengefügt sind. Es besitzt einen Fahrstift, mit dem man den Linien einer Zeichnung nachfährt, und einen Zeichenstift, der die Vorlage vergrößert oder verkleinert abzeichnet. Beide Stifte haben ein festes Abstandsverhältnis zueinander, von dem der Vergrößerungsmaßstab abhängt. Werden Fahr- und Zeichenstift gegeneinander ausgetauscht, lässt sich die Zeichnung vergrößern oder verkleinern. Unter einem Pantografen versteht man heute ein Gerät zum Herstellen vergrößerter und verkleinerter Kopien. Weniger bekannt ist dagegen, dass der Pantograf ursprünglich Teil einer Perspektivmaschine war. Auch er kann mit seiner Maschine beliebige Gegenstände abbilden, er kann ebenfalls auf gekrümmte Flächen Bilder projizieren. Von kunstgeschichtlichem Interesse ist, dass Scheiner durch einen Maler zur Konstruktion dieser Maschine angeregt wurde. Der Maler hat das Zeichenpapier oder die Leinwand direkt vor sich, der Maßstab der Abbildung lässt sich bequem mit dem Pantografen regulieren. Der Pantograf ist noch heute ein Arbeitsinstrument für technische Zeichner, Architekten und Archäologen.

Astronomie und Sonnenflecken

Unter dem Titel »Rosa Ursina sive Sol« erschien 1626–30 in Rom das Paul Jordan von Orsini, Grafen von Bracciano gewidmete Hauptwerk Scheiners, in dem er die Sonnenflecken genauestens beschreibt. – Scheiner wollte damit das beste Buch über die Sonne für alle Zeiten schreiben, in welchem er auch *Herrn Galilei zufriedenstellen* und dessen *sehr groben Fehler* enthüllen wollte, wie er am 22. März 1614 an seinen Mitbruder Paul Guldin SJ in Rom schreibt. Neben dem Beobachtungsmaterial zu den Sonnenflecken und den Sonnenphänomenen behandelt er die Frage der Priorität der Sonnenflecken und die Darstellung von Fernrohren und Projektionsmethoden. Und es wird die Optik eines Fernrohres der Optik des Auges gegenübergestellt.

Scheiner beschäftigt sich mit den beiden Sonnenphänomenen Flecken und Fackeln, entdeckt die Umdrehungszeit der Sonne mit 27 Tagen und die Neigung ihrer Achse. Im letzten Teil des Buches führt er Zitate aus der Heiligen Schrift und den Kirchenvätern an, um zu beweisen, dass die Sonne um die Erde kreist. – Scheiner konnte sich nicht der Meinung Galileis anschließen, dass die Erde um die Sonne kreist – das so genannte kopernikanische System, das Kopernikus kurz vor seinem Tod 1543 veröffentlichte (»De revolutionibus orbium coelestium libri VI«). Es gibt allerdings Vermutungen, dass Scheiner doch an das heliozentrische Weltbild glaubte, so schrieb er 1611 an den Augsburger Ratsherrn und Förderer der Wissenschaften, Marcus Welser, von einer Konjunktion, also der Stellung eines Planeten zur Erde und zur Sonne: *Wir sahen die Venus nie in der Sonne …, wenn auch alle anderen Beweise trügen würden, das eine müsste allein schon genügen, dass die Sonne von der Venus umkreist wird. Das Gleiche bezweifle ich bei Merkur nicht und will es zu erforschen nicht unterlassen.*

Unabhängig von Galileo Galilei beobachtete Scheiner am 6. März 1611 in Gegenwart seines Schülers Johann Baptist Cysat vom Turm der Heilig-Kreuz-Kirche in Ingolstadt aus, die ihm als Observatorium diente, die Sonnenflecken. *Entweder die Sonne weint, oder sie hat Makeln!* bemerkte Cysat bei der Beobachtung der Sonnenflecken. – Sonnenflecken sind meist unregelmäßig begrenzte, im Kern völlig dunkel erscheinende Stellen der Sonnenoberfläche von etwa 1000 bis zu über 100.000 km Durchmesser, die von einem helleren Saum mit radialer Struktur umgeben sind, die oft eine Wirbelbewegung andeutet. Mehrere Flecken ordnen sich zu Fleckengruppen, die meist eine Lebensdauer von sechs Tagen haben, gelegentlich aber mehr als 100 Tage lang bestehen können. – Scheiner projizierte die Sonnenstrahlen mittels eines von ihm konstruierten Fernrohres, des Heliotrops, auf einen Schirm, so dass er die Sonne deutlich sehen und die Position der Sonnenflecken bestimmen konnte. – Das Heliotrop zur indirekten Sonnenbeobachtung mit einer um zwei Achsen drehbaren Montierung ist die Krönung des Bemühens Scheiners, optimalere Aufzeichnungen zur Beobachtung der Vorgänge auf der Sonnenoberfläche zu erhalten. Die einmal auf die Mitte des Schirmes gebrachte Sonne musste nur noch durch eine Bewegung des Fernrohres ständig in dieser Position gehalten werden. Das Heliotrop, oder die »Machina aequatorialis« ist das erste parallaktisch montierte Fernrohr, das bis in unsere Tage für die Befestigung der Fernrohre verbindlich geblieben ist.

Scheiner, den die Entdeckung der Flecken in der Sonne bekannt machte, stieß damit jedoch auf großen Widerstand. Die Nachricht der Entdeckung der Sonnenflecken gelangte durch den Jesuitenpater Jacob Gretser (1562–1625, Historiker und erster Geschichtsschreiber Eichstätts) an das Ohr Marcus Welsers, der Scheiner sofort aufforderte, die erstaunlichen Ergebnisse zu publizieren, um die Priorität seiner Entdeckungen nicht zu gefährden. Noch bestanden erhebliche Bedenken auf Seiten der Ordensobrigkeit. Erst nach längerem Zögern erteilte Provinzial Theodor Busaeus SJ das Imprimatur, als Scheiner sich bereit erklärt hatte, seine Beobachtungen unter einem Pseudonym zu veröffentlichen. Seine Ergebnisse erschienen daraufhin in drei anonymen Briefen, den so genannten »Apelles-Briefen«, an Marcus Welser. Scheiner, der sich das Pseudonym »Apelles« selbst gewählt hatte, berichtet darin über die Beobachtung der Sonnenflecken, beschreibt eine obere Konjunktion der Venus, bei der er herausfinden wollte, ob die Flecken die Sonne umkreisten, und fasst seine Beobachtungsergebnisse zusammen und erläutert sie anhand von Zeichnungen. Die Sonnenflecken hielt er für dunkle Körper, die wie Planeten in sehr geringem Abstand um die Sonne kreisen. Welser ließ die drei Briefe Scheiners 1612 in Augsburg unter dem Titel »Tres Epistolae de Maculis Solaribus« drucken und sandte sie an Galileo Galilei. In seinen drei 1613 publizierten Antwortbriefen (»Istoria e dimostrazioni intorno alle Macchie Solari e loro accidenti. Compresse in tre Lettere scritte all'illustrissimo Signor Marco Velsero«, Rom 1613) bestätigt Galilei die Existenz der Sonnenflecken, die er selber schon vor 18 Monaten entdeckt habe, widerspricht aber der Definition der Sonnenflecken als Planeten. Seiner Meinung nach sind sie Wolken vergleichbar, die sich an der Sonnenoberfläche bilden. Galilei fasst seine Erkenntnisse über die Sonnenflecken zusammen und erläutert sie anhand von Zeichnungen. Dieser Briefwechsel löste später einen erbitterten Prioritätenstreit um die Entdeckung der Sonnenflecken aus.

Scheiner baute 1613 nach den Angaben von Johannes Kepler (1571–1630) ein astronomisches Fernrohr, dessen Linsen er selbst geschliffen hatte. Auch entwickelte er eigene Messverfahren, um zuverlässige Beobachtungsergebnisse zu erzielen. Seine Forschungsergebnisse publizierte Scheiner neben seinem Hauptwerk in seinen Büchern »Sol ellipticus« (Augsburg 1615) und »Refractiones coelestes seu solis elliptici phaenomenon illustratum« (Ingolstadt 1617), in denen er sich mit der elliptischen Gestalt der Sonnenscheibe bei ihrem Auf- und Untergang befasst. Er erkannte, dass dieses Phänomen durch die Dichte der Luft und das unterschiedliche Brechungsverhalten verursacht wird. Er führt theoretisch richtig aus, dass die Strahlenbrechung vom Horizont gegen den Scheitelpunkt hin abnimmt. Aus diesem Grund müsse jeder aus einer kreisförmigen Scheibe bestehende Himmelskörper derart deformiert werden, dass der Kreis in eine Ellipse übergehe. »Sol ellipticus« ist dem Tiroler Landesfürsten Erzherzog Maximilian III. (1558–1618, Sohn Kaiser Maximilians II.), dem Hoch- und Deutschmeister, gewidmet. In der Widmungsepistel schreibt Scheiner abschließend: … *Zugleich bete ich darum, dass Ihr, während Ihr die Sonne mit einer etwas traurigen Miene und in Form einer verkürzten Kugel betrachtet, Euren Körper, der im Dienste des Staatswohls gebrochen wurde, ein wenig erholen und Euren Geist, welcher wegen der Sorgen um den Staat belastet ist, ein Weilchen entspannen möget. Und Ihr sollt nichts unter der Sonne für beständig halten, da Ihr seht, dass sogar die Sonne selbst eine Minderung erleidet.*

Dissertationen unter Scheiners Leitung

Unter Scheiners Leitung entstanden zwei Dissertationen: Georg Locher verfasste eine Arbeit über die Sonnenflecken (»Disquisitiones mathematicae, de controversiis et novitatibus mathematicis«, Ingolstadt 1614). Darin werden auch die damals bekannten Weltsysteme dargestellt: Erstens das alte Weltsystem mit der um die Erde kreisenden Sonne und dem Planetensystem, dem Himmel, den Sternen und dem umgebenden unbestimmtem Chaos. Zweitens das System des Kopernikus mit der Sonne im Zentrum, die zuerst von Merkur und Venus, dann von der Erde umkreist wird. Die Erde wird vom Mond umkreist, dann folgen Mars, Jupiter und Saturn, außerhalb dieser dann die unbewegte Fixsternsphäre. Drittens

Die erste nördlich der Alpen gezeichnete Mondkarte.

das System des Arztes Hieronymus Fracastorius von 1574, wo die Erde im Zentrum ist und von Mond, Merkur, Venus, Sonne, Mars, Jupiter und Saturn umgeben wird. Viertens und zuletzt das System das Tycho de Brahe, das lange mit dem des Kopernikus konkurrierte. Bei Tycho de Brahe umkreisen die Sonne und der Mond die in der Mitte der Fixsphären ruhende Erde, während die übrigen Planeten die Sonne umkreisen. In diesem Buch Lochers befindet sich auch die erste nördlich der Alpen gezeichneten Mondkarte.

Und Schreiners Schüler Johann Georg Schönberger SJ beschrieb die geometrische Theorie der Sonnenuhren und ihre praktische Herstellung (»Exegese fundamentorum gnomonicorum«, Ingolstadt 1615). Es wird eine geometrische Theorie der Sonnenuhren entwickelt und ihre praktische Herstellung in allen Einzelheiten angegeben. Dabei wird ein Instrument beschrieben und durch eine Zeichnung veranschaulicht, mit dem man imstande ist, sämtliche Kegelschnitte mechanisch zu zeichnen – und es zeigt ebenso wie der Pantograf das Geschick Scheiners, mathematische Gedanken praktisch zu realisieren.

Die Innsbrucker Jesuitenkirche

Trotz der umwerfenden Entdeckung der Sonnenflecken geht an der Ingolstädter Universität der Lehrbetrieb für Christoph Scheiner weiter wie bisher. Seine ganze Freizeit aber widmet der ebenso ehrgeizige wie vitale und von sich selbst und seinem Wissen überzeugte Forscher den Naturwissenschaften. Er weiß, dass er erst am Anfang seiner Karriere steht und er ahnt, dass sie ihn hoch hinausführen wird. – 1614 hat er es geschafft. Sein Name ist in ganz Europa bekannt. Der erste Prominente, der ihn zu sich bittet, ist Erzherzog Maximilian III. Der wissbegierige Tiroler Landesfürst veranlasste im November 1616, dass Scheiner nach Innsbruck kam, um ihn in astronomischen und mathematischen Fragen zu beraten. Scheiner baute das astronomische Fernrohr des Erzherzogs, das die Gegenstände seitenverkehrt und auf dem Kopf stehend darstellte, mittels einer dritten Linse zu einem terrestrischen Fernrohr um, so dass Maximilian die Landschaft aufrecht betrachten konnte. Als Dank dafür erbat sich Scheiner ein

Grundstück für den Neubau der Jesuitenkirche, denn die vergrößerte Salvator- bzw. Dreifaltigkeitskirche war durch den großen Zustrom, den die Jesuiten in Innsbruck hatten, wieder zu klein geworden.

Der Erzherzog erwarb 1615 Haus und Garten von Hans Ulrich von Botsch, so dass der Bau beginnen konnte. Scheiner war bei den Grundkäufen, Planungen und Herbeischaffen des Baumaterials behilflich. Die Grundsteinlegung erfolgte am 14. März 1619, nur wenige Tage nach dem Tod Maximilians III. Christoph Scheiner blieb auch unter seinem Nachfolger, Erzherzog Leopold V. von Österreich-Tirol in Innsbruck, wo er mit der Leitung des Baus der Jesuitenkirche betraut wurde. Scheiner legte Details der Ausführung des Baus, der direkten Arbeiten und der Bauwerkzeuge 1621 handschriftlich in seiner 100 Seiten umfassenden »Denkschrift für den Kirchenbau«

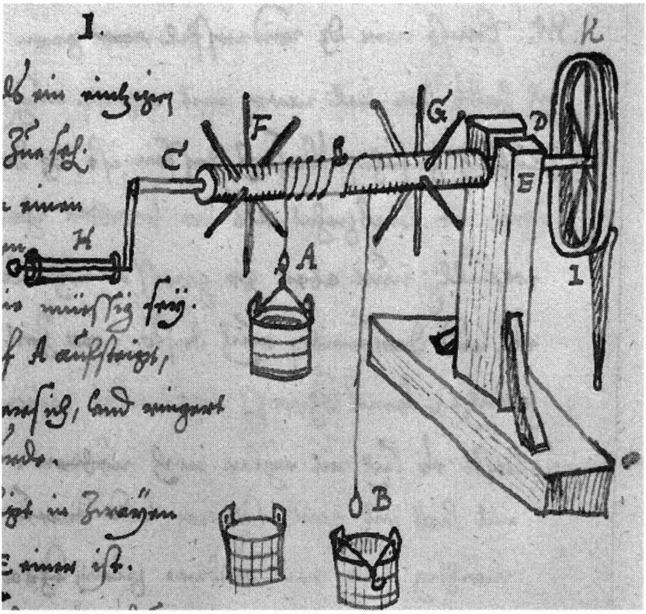

Beschreibung eines Hebezugs für den Bau der Jesuitenkirche in Innsbruck, 1621.

nieder: Er gibt Anleitungen für den Bau von Fenstern, die Deckung des Daches, die Gestaltung des Platzes vor der Kirche und den Bau eines Ganges neben der Kirche zum Gymnasium. Für das Verlegen des Marmorpflasters zeichnet Scheiner Skizzen. Er führt seine Instruktionen für den Bau an, was Geld, Material und Gestaltung der Kirche betrifft. Auch beschreibt Scheiner Instrumente und Bauwerkzeuge (Seite 81–85). Mit dem geplanten Rad als Hebewerk ist er nicht zufrieden und führt viele Argumente dagegen an, so etwa dass *es gar gefahrlich darinnen zue gehen* sei. Dann folgt

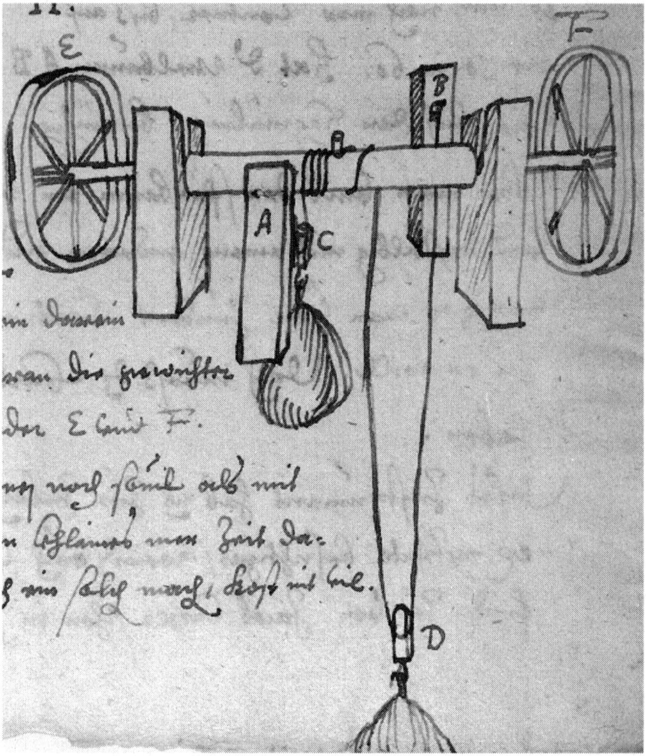

Beschreibung eines Flaschenzugs für den Bau der Jesuitenkirche in Innsbruck, 1621.

eine *Beschreibung etlicher Züg für den Baw* (Seite 86–88) mit Zeichnungen: Das Hebezeug zieht mittels Welle und Seil einen gefüllten Kübel hoch und lässt den leeren zu Boden; es eignet sich für Mörtel etc. Das andere ist ein Flaschenzug, der über eine Antriebswelle eine Last hebt und die andere senkt. Das dritte ist ebenfalls ein Flaschenzug mit Umlenkrollen. Dass der Bau noch vor seiner endgültigen Fertigstellung 1626 einstürzte, war nicht Scheiner zuzuschreiben, sondern den schlechten Maurerarbeiten.

Scheiner äußert sich schon zu Beginn der Aufzeichnungen seiner Denkschrift kritisch über die Mauerarbeiten – hier muss die Ursache für den späteren Einsturz der Kirche gelegen haben, denn Scheiner schreibt, als er vom Einsturz erfährt, bestürzt an Erzherzog Leopold, dass der Grund sowohl die nicht verbundenen Mauern der Sakristei als auch das zu schnell und schwer aufgesetzte Gewölbe sei. Außerdem sei das Fundament schmäler gemacht worden, als er vorschlug. Und *falls die notwendigen Stützmauern, wie sie gemäß meiner Angabe vorgeschrieben waren, rechtzeitig aufgebaut worden wären, wäre überhaupt kein Einsturz eingetreten.*

Das »Augenbuch«

In Innsbruck erschien 1619 Scheiners so genanntes »Augenbuch«, das er Kaiser Ferdinand II. widmete. Der »Oculus: hoc est fundamentorum opticum« enthielt zahlreiche Entdeckungen zur physiologischen Optik des Auges. So die Messung des Krümmungsradius der Hornhaut und die Lichtreaktion der Pupille. Scheiner erkannte die Netzhaut als eigentlichen Sitz des Sehens ebenso wie den Vorgang der Akkommodation, der Anpassungsfähigkeit des Auges an die verschiedenen Entfernungen und Lichtverhältnisse. Er beschrieb die Anatomie des Auges. Er entdeckte, dass der Sehnerv nicht am hinteren Pol des Auges, sondern nasenwärts abgeht. Er erkannte den Grauen Star, entwickelte ein gläsernes Augenmodell und befasste sich mit dem Gesichtswinkel und dem Augendrehpunkt. Der »Scheiner-Versuch« zum Nachweis einer Fehlsichtigkeit wird heute noch in der Augenheilkunde gelehrt: Sticht man in ein Blatt kleine Löcher eng nebeneinander, hält es nahe vors Gesicht und blickt so nach einer Lichtquelle, so sieht man vor derselben ebenso viele Bilder des anvisierten Gegenstandes entstehen, als Löcher vorhanden sind.

Zum Beobachten geboren

Nach seiner Rückkehr an das Jesuitenkolleg in Neisse arbeitete Scheiner an einem gegen die Theorie des Kopernikus und Galilei gerichteten Werk, dem »Prodromus pro Sole mobili«, das erst ein Jahr nach seinem Tod erschien (Prag 1651). Darin verteidigt er das geozentrische Weltsystem, indem er die Behauptungen Galileo Galileis widerlegt, dass die Sonnenflecken die Bewegung der Erde um die Sonne beweisen.

Der Mathematiker, Physiker, Astronom und Jesuit Christoph Scheiner, der sich ein Leben lang mit der Astronomie beschäftigte und das geozentrische Weltbild vertrat, stand mit anderen am Beginn des modernen naturwissenschaftlichen Denkens und ist mit Sicherheit einer der berühmtesten unter den einst in Ingolstadt wirkenden Naturwissenschaftlern. Als einfallsreicher Erfinder physikalischer und optischer Instrumente trug er maßgeblich zur Entwicklung der astronomischen Fernrohre bei und wurde als Naturforscher zum Mitbegründer der physiologischen Optik. So hatte er auch bald *ainen neuen Nammen, man haist ihn nur den Glasgucker* – Erzherzogin Maria Christina (1574–1621, Schwester Kaiser Ferdinands II. und der Erzherzöge Leopold V. und Karl), erwähnte in einem Brief an ihren Vetter Erzherzog Maximilian aus dem Jahr 1615 den neuen Namen des Jesuiten. Vor allem seine exakte Beschreibung der Sonnenflecken gehört zu den größten wissenschaftlichen Leistungen. Von ihm stammt der Satz: *Gegen eine einzige wahre Beobachtungstatsache haben tausend spitzfindige Argumente keinen Wert.* Die Entdeckung der Sonnenflecken hatte Scheiner aufs nachhaltigste beeindruckt. Es war das zentrale Erlebnis seines Lebens, das von diesem Zeitpunkt an seine ganzen weiteren Forschungsarbeiten bestimmte. Aber auch zum Beobachten muss man geboren sein. Wissenschaftliche Beobachtungen erfordern Lust, Ausdauer, Umsicht, Findigkeit – Scheiner war mit diesen Gaben in hervorragender Weise ausgestattet. Und Scheiner besaß das Talent, mathematische Kenntnisse in praktische Verwertbarkeit umzusetzen. Als Theologe schließlich versuchte Scheiner frühzeitig, die neuen Naturwissenschaften mit dem christlichen Weltbild in Einklang zu bringen.

Johann Baptist Cysat

Johann Baptist Cysat wurde am 12. März 1587 in Luzern geboren. Sein Vater Renward Cysat (1545–1615) war seit 1575 in der Republik Luzern als Stadtschreiber tätig und publizierte das erste gedruckte europäische Buch über Japan (»Von den Japanischen Inseln und Königreichen«, Fribourg 1586). Neben dem »Schweizerkönig« Ludwig Pfyffer (1524–1594), der durch energisches Handeln und großzügige finanzielle Hilfe zum eigentlichen Gründer des Luzerner Jesuitenkollegs wurde, war er der Hauptförderer der Luzerner Jesuiten.

Cysat absolvierte die Gymnasialstudien teilweise am Jesuitenkolleg in Luzern und trat am 21. Oktober 1604 in das Noviziat der Jesuiten in Landsberg am Lech ein. Nach den philosophischen Studien in Ingolstadt 1607–1610 unterrichtete er 1610–1613 Grammatikklassen am Jesuitenkolleg in Ingolstadt. Die theologischen Studien absolvierte er 1613–1617 ebenfalls in Ingolstadt und empfing am 20. Mai 1617 in Eichstätt die Priesterweihe. Am 31. Juli 1621 legte er in Ingolstadt die Letzten Gelübde ab. – Der ältere Bruder Kaspar (1584–1632), Priester, Magister der Philosophie, Doktor der Theologie und Doktor der Rechte, Chorherr in Beromünster, verzichtete 1627 auf seine Pfründe und trat in den Jesuitenorden ein. Er starb am 11. Dezember 1632 in Eichstätt im Dienst an den Pestkranken im Alter von 70 Jahren, von denen er 54 in der Gesellschaft Jesu zugebracht hatte.

Cysat studierte in Ingolstadt bei Christoph Scheiner und war als dessen Nachfolger von 1618–1622 Professor der Mathematik an der Universität. Er assistierte Scheiner bei der Beobachtung der Sonnenflecken und war dessen Mitarbeiter. Cysat lag aber etwas anderes noch mehr am Herzen: Er wollte in die Mission nach Indien und bat seine Oberen inständig, ihn dorthin zu schicken. Doch wegen seiner Körperschwäche hielten diese es für besser, den geistig hochbegabten Mann anders zu verwenden. Und so blieb ihm nichts anderes übrig, als – wie in den Jahresberichten (»Litterae annuae«) des Luzerner Kollegs festgehalten ist – *seinen Gram den Sternen*

Johann Baptist Cysat SJ. Gemälde eines unbekannten Meisters, um 1724.

zu melden, mit deren Beobachtung er ganze Nächte zubrachte.

Nach seiner Tätigkeit als Rektor am Kolleg in Luzern seit 1623 wurde er im März 1627 in diplomatischer Mission an den Madrider Hof geschickt und war 1627/28 zugleich Professor für Mathematik am Collegium Imperiale in Madrid. Im Januar 1629 weilte er als Beichtvater des spanischen Gesandten Graf Francisco de Castro in Mailand und begleitete ihn dann nach Österreich. Nach seiner Rückkehr in die Heimatprovinz war er Ende 1630 als *Architectus* in Amberg tätig, wo er den Bau der Kirche des Jesuitenkollegs leitete. Als Rektor in Innsbruck 1632–1636 begann er den zweiten Neubau der dortigen Universitätskirche – der erste mit Christoph Scheiner als Bauleiter war 1626 wegen mangelhafter Maurerarbeiten eingestürzt. Cysat blieb bis 1646 in Innsbruck, um als Architekt und Bauleiter den Bau zu Ende zu führen. 1646–1650 war er Vizerektor, dann Rektor in Eichstätt. Am 22. September kam er über Konstanz wieder nach Luzern als Spiritual und Professor für Heilige Schrift und Kontroverstheologie. Cysat starb am 3. März 1657 in Luzern.

Johann Baptist Cysat gehört zu den bedeutendsten Schweizer Jesuiten, Mathematikern, Physikern, Astronomen, Architekten und auch Theologen von Rang. Zu seiner Bedeutung als Astronom meint die Wissenschaft, er sei *würdig gewesen, ein Zeitgenosse der Keppler, Galilei und ... Descartes* zu sein. Nach ihm sind die »Monticuli Cysati« benannt, ein Riesengebirge am Südpol des Mondes.

Cysat ist der Entdecker der Saturnmonde Titan und Rhea und beschrieb erstmals den Neuen Stern von 1604 und gab seiner Monographie über den Kometen (»Mathematica astronomica de loco, motu, magnitudine et causis cometae«, Ingolstadt 1619) eine Karte bei, die die Erde von Mond und Sonne und diese selbst von den anderen Planeten und einigen Kometen aus und den Jupiter mit vier sowie den Saturn mit zwei Monden zeigt (»Tabula cosmographica versatilis«). – Diese kleine Abhandlung, die zu seiner Zeit Aufsehen erregte, fußt auf der scharfen Beobachtungsgabe und guten Beweisführung Cysats. Er veröffentlichte seine Ergebnisse, obwohl dies damals noch recht gefährlich war, da immer noch ein bedingtes Verbot der kopernikanischen Lehre bestand.

Cysat entdeckte 1618 den Orionnebel und gehörte zu den wenigen, welche bei der Mondfinsternis von 1620 das völlige Verschwinden des Mondes beobachten konnten. Er beschäftigte sich mit dem Mars und konnte seinen Durchmesser am 4. Juni 1623 auf weniger als eine Winkelminute berechnen, etwa ein Fünftel des zur gleichen Zeit gemessenen Monddurchmessers. In Innsbruck beobachtete er am 7. November 1631 den von Johannes Kepler vorhergesagten Vorübergang des Merkurs vor der Sonne, die erste Beobachtung dieser Art.

Christoph Clavius

Christoph Clavius (Clau) wurde 1537/38 in Bamberg geboren und trat 1555 in Rom in die Gesellschaft Jesu ein. Er entdeckte seine Neigung und Befähigung zur Mathematik bereits während seiner Studienzeit, die er in Coimbra/Portugal verbrachte. Den Großteil seines Lebens hielt er sich am Collegium Romanum als Professor für Mathematik auf, wo er noch den jungen, späteren Chinamissionar Johann Adam Schall von Bell beeinflusste.

Seinem Beinamen »Euklid des 16. Jahrhunderts« verdankt er seiner kommentierten lateinischen Ausgabe der »Elementa« des griechischen Mathematikers Euklid, die den mathematischen Vorlesungen zugrunde lagen: Clavius versah seine Ausgabe der »Elementa« des Euklid mit einem umfangreichen Kommentar und ergänzte sie mit einem 16. Buch »De solidorum corporum comparatione«. Die Erstausgabe der »Euclidis Elementorum libri XV« erschien 1574 zu Rom. Clavius, von seinen Zeitgenossen »König der Mathematiker« genannt, starb am 6. Februar 1612 in Rom.

Kalender und Mathematik

Von Gregor XIII. mit den Vorarbeiten zur Kalenderreform betraut – 1588 veröffentlichte er eine »Verteidigung des neuen römischen Kalenders« –, stellte er die Theorie der Noniusteilung für das Linien- und Bogenmaß auf. Er widmete sich besonders der Mathematik und lehrte dieses Fach 20 Jahre am Collegium Romanum. In seinem Mathematik-Lehrbuch, den »Opera Mathematica« (Mainz 1611–12), publizierte Clavius Beiträge unter anderem zur Arithmetik, Geometrie und der Kalenderreform, und er kommentierte die Werke des Euklid und des Johannes von Sacrobosco.

Geometrie-Lehrbuch

In seinem Geometrie-Lehrbuch »Geometria Practica« (Rom 1604) veranschaulicht Clavius den Nutzen der praktischen Geometrie für das tägliche Leben. Er erklärt, wie ein Quadrant und andere Instrumente konstruiert und bei Entfernungs-, Höhen- und Winkelmessungen benutzt werden. Er beschreibt eine Reihe geometrischer Figuren und erläutert die Berechnung ihrer Flächen und des Rauminhalts. Die dabei gewonnenen Erkenntnisse benutzt er, um praktische Probleme der Landvermessung zu lösen. Bei Flächen mit gleichem Um-

Christoph Clavius SJ. Gemälde eines unbekannten Meisters, um 1724.

fang aber unterschiedlichem Flächeninhalt und bei Körpern versucht Clavius herauszufinden, ob diese Figuren bei gleichem Umfang und gleicher Oberfläche auch den gleichen Inhalt haben. Er befasst sich mit der Quadratur des Kreises und erläutert geometrische Konstruktionen, mit denen sich Figuren in ein Quadrat des gleichen Flächeninhalts umwandeln lassen. Mit einer theoretischen Erörterung geometrischer Probleme beschließt Clavius sein Lehrbuch.

Lebensmotto und Weltbildsicht

Clavius hatte sich als Motto für sein Lebenswerk gewählt: *Gott ließ mich verstehen den Kreislauf der Jahre und die Stellung der Sterne* (Weish.7,19).

Obwohl der Bamberger Jesuit in seinem »In sphaeram Ioannis de Sacro Bosco commentarium« von 1581 als erster das neue Kopernikanische Weltbild angreift und nicht nur die astronomische Theorie ablehnt, sondern auch – was für die damalige Zeit viel schwerer wog –, zahlreiche Widersprüche zum Wortlaut der Bibel nachwies, unterhielt er gute Beziehungen zu Galilei und den führenden Astronomen und großen Mathematikern, wie Tycho de Brahe und Johannes Kepler.

Galileo Galilei

Obwohl kein Jesuit, ist Galileo Galileo mit den ersten Entdecker-Jesuiten eng verbunden. Der italienische Naturforscher Galileo Galilei, 1564 in Pisa geboren, studierte Mathematik und erlangte durch seine Entdeckungen solches Ansehen, dass er zum ersten Mathematiker des Großherzogs der Toskana berufen wurde. Galileis Begabung lag vor allem auf dem Gebiet der praktischen Physik und angewandten Mathematik. Durch seine Untersuchungen zur Fall- und Wurfbewegung begründete er die moderne Kinematik. Berühmt wurde er besonders durch seine astronomischen Untersuchungen, für die er ein selbstgebautes Fernrohr benutzte. Er entdeckte unter anderem die Phasen der Venus, die Unebenheit der Mondoberfläche, den Sternenreichtum der Milchstraße und die Jupitertrabanten und veröffentlichte diese Entdeckungen 1610 im »Nuncius Sidereus«, dem »Sternenboten«.

In New York ist angeblich ein Buch mit sensationellen Zeichnungen von Galilei aufgetaucht. Die Bilder zeigen die zerklüftete Oberfläche des Mondes, wie sie Galilei als erster Mensch vor 400 Jahren gesehen hat. Experten glauben, dass es sich dabei um die Urfassung vom Galileis berühmtesten Werkes, des »Sternenboten« handelt. Dieses Buch, in dem das Universalgenie viele seiner bahnbrechenden Entdeckungen vorgestellt hat, gilt als Meilenstein des heliozentrischen Weltbildes. Während sich in den bekannten Exemplaren Kupferstiche des Mondes befinden, die zeigen, dass er eine pockennarbige Oberfläche besitzt, was damals einer Revolution gleich kam, enthält das neu entdeckte Buch offenbar von Galilei selbst gemalte Aquarelle, die darauf hindeuten, dass es sich um den ersten Druck des »Sternenboten« handelt.

Vorherrschende Kosmologie

Wissenschaftsgeschichtlich ist bedeutsam, dass Galilei die bis dahin herrschende Verkettung der Physik mit vorgegebenen Grundsätzen sprengte und sie auf Beobachtungen statt auf Spekulation gründete. Ebenso erklärte er die Naturvorgänge nicht philosophisch oder theologisch durch das Wirken Gottes, sondern aus Naturgesetzen.

Porträt des Galileo Galilei, Kupferstich.

Die Kosmologie des 16. und 17. Jahrhunderts gründete auf den Lehren, die Aristoteles im 4. Jahrhundert v. Chr. aufgestellt und der griechische Astronom Claudius Ptolemäus im 2. Jahrhundert verfeinert hatte, und stellte die Erde unbewegt in den Mittelpunkt des Weltalls. Dieses Zentrum umkreisten auf ewig die Sonne, der Mond, die fünf Planeten und alle Sterne auf vollkommen runden, durch die Bewegung konzentrischer Kristallsphären am Himmel getragenen Kreisbahnen. Diese Himmelsmaschinerie ließ in einer beständigen Wiederkehr aus dem Tag die Nacht und wieder den Tag werden. 1543 jedoch katapultierte Nikolaus Kopernikus mit seiner Publikation »De revolutionibus orbium coelestium« die Erde aus ihrer zentralen, reglosen Position in eine Umlaufbahn um die Sonne und stellte die Behauptung auf, die Erde drehe sich im Verlauf eines Tages einmal um die eigene Achse und umrunde überdies im Verlauf eines Jahres einmal die Sonne.

Theorie des Kopernikus und auch Galileis

Diese Theorie des Kopernikus konnte Galilei 1609 mit beweisbaren Fakten untermauern, die ihm sein Teleskop lieferte. Die Unebenheit des Mondes zeigte, dass bestimmte Merkmale der Erde sich am Himmel wiederholen. Die Phasen der Venus offenbarten, dass mindestens ein Planet um die Sonne kreist. Und die auf der Sonne entdeckten dunklen Flecken bedeuteten ebenfalls eine Beeinträchtigung einer bis dahin makellosen Himmelssphäre. – Im Gegensatz zu Christoph Scheiner, der in den Sonnenflecken kleine Sterne sah, die die Sonne umkreisten, war sich Galilei sicher, dass es sich eher um Wolken handeln müsse.

Er nahm an, *dass die Sonnenflecken um die Oberfläche der Sonne herum entstehen und sich wieder auflösen, dass sie dieser Oberfläche benachbart sind und die Sonne selbst, wenn sie sich in ungefähr einem Mondmonat um sich dreht, sie mit sich führt und bisweilen vielleicht einige von ihnen nach längerer Dauer als der Zeit einer ihrer Umdrehungen zurückbringt, aber an Gestalt und Begleiterscheinungen so verändert, dass wir sie nicht leicht wiederzuerkennen vermögen.* Marcus Welser leitete Galilei drei Briefe zu, in denen Scheiner 1612 unter dem Pseudonym »Apelles« seine Sicht der Sonnenflecken beschrieb. In seinen Antwortbriefen, die ein Jahr später publiziert wurden, fasste Galilei seine Erkenntnisse über die Sonnenflecken zusammen und erläuterte sie anhand von peinlich genauen Zeichnungen, die er über den Zeitraum vom 1. Juni bis Mitte Juli 1612 ausgeführt hatte. Die in diesem Buch dargelegten Gedanken verschärften jedoch die herrschenden Spannungen zwischen Galilei und seinen erklärten Gegnern; und die Kritiker beriefen sich nun auf die noch größere Autorität der Bibel. Dieser Briefwechsel löste später einen erbitterten Prioritätenstreit zwischen Scheiner und Galilei um die Entdeckung der Sonnenflecken aus.

Als Verfechter des kopernikanischen Systems, also dass sich die Erde um die Sonne bewegt, wurde Galilei 1633 in Rom von der Inquisition verurteilt und zum Widerruf seiner Lehre gezwungen. Die ihm zugeschriebene Äußerung *Sie bewegt sich doch!* ist legendär. Galilei starb 1642 in Arcetri bei Florenz. Die kirchliche Verurteilung der kopernikanischen Schriften wurde erst 1835 zurückgezogen.

Im November 1979 wurde von Papst Johannes Paul II. eine Kommission zur Rehabilitierung Galileis eingesetzt, die dreizehn Jahre später zu folgendem Ergebnis kam, das der Papst in der Päpstlichen Akademie der Wissenschaften 1992 mit folgenden Worten einleitete: *Das schmerzliche Missverständnis zwischen Wissenschaft und Glauben gehört der Vergangenheit an.* Der Papst stellte weiter fest, dass Galilei *auf Grund seiner genialen Vorstellungskraft erkannt hat, dass nur die Sonne als Zentrum unseres Planetensystems in Frage komme. Die Theologen haben sich geirrt, indem sie an der Vorstellung festhielten, dass die Strukturen der physischen Welt vom Wortsinn der Heiligen Schrift gefordert seien.*

Zwei weitere wichtige Erkenntnisse bringt der »Fall Galilei« nach Johannes Paul II. für die Kirche von heute: Die Bibel müsse zum einen in korrekter Weise ausgelegt werden, und zum anderen müsse den Gläubigen eine Unterweisung zukommen, die sie vor Verunsicherung und Ängsten bei der Vermittlung neuer Forschungsergebnisse schützt. Er forderte die Mitglieder der Päpstlichen Akademie auf, die wissenschaftliche Entwicklung der heutigen Zeit genau zu verfolgen, um unnütze Konflikte zwischen Glauben und Wissenschaft zu vermeiden.

Athanasius Kircher

Der Universalgelehrte Athanasius Kircher war ein wahrer »Mann der Renaissance«, der sich mit wissenschaftlichen Forschungen auf den Gebieten der Ägyptologie, Geologie, des Magnetismus, der Optik, Alchemie, Orientalistik, Medizin und Musik beschäftigte und einer der herausragendsten Männer seiner Zeit war. Wissenschaftliche Forschung war zur Zeit dieses Universalgenies noch von einer halb magischen Ära umgeben, und ihr Zweck war nichts geringeres, als das Wirken des Geistes Gottes ansichtig zu werden. Dieser Ehrgeiz war der Ansporn Kirchers, und dasselbe Ziel inspirierte viele Wissenschaftler seiner Zeit von Kepler bis Newton.

Kircher wurde am 2. Mai 1602, dem St.-Athanasius-Tag, in Geisa bei Fulda geboren. Seine Kindheit war reich an Zwischenfällen, die er in seiner Autobiografie erzählt. So entging er viermal nur knapp dem frühen Tod: Einmal wurde er im Mühlbach unter das Mühlrad gezogen, ein anderes Mal geriet er bei einem Pferderennen unter die Hufe der Tiere. Dann wieder verbrachte er eine ganze Nacht im Wald auf einem Baum. Und mit fünfzehn Jahren holte er sich beim Schlittschuhlaufen einen Bruch und Frostbeulen, deren Heilung in dieser vorantiseptischen Zeit problematisch war. Das unbeschadete Überleben dieser Ereignisse bezeichnet Kircher selbst als wirkliche Wunder und schließt daraus, dass Gott ihn begünstigt und für ein besonderes Schicksal ausersehen habe.

Kircher trat 1618 in die Gesellschaft Jesu ein und wurde zehn Jahre später zum Priester geweiht. Ab 1629 war er Professor in Würzburg, 1633 wurde er als Hofmathematiker Kaiser Ferdinands II. nach Wien berufen, im gleichen Jahr noch ging er nach Rom und wurde dort Professor für Mathematik, Physik und orientalische Sprachen am Collegium Romanum. Kircher starb am 27. November 1680 in Rom.

Das »Museo Kircheriano«

Durch seine weltweiten Beziehungen konnte Kircher in Rom ein umfangreiches naturwissenschaftliches Museum aufbauen, das »Museo Kircheriano«. – Dieses Museum ging aus 1651 testamentarisch dem Collegium Romanum vermachten um-

Athanasius Kircher SJ. Gemälde eines unbekannten Meisters, um 1724

fangreichen Sammlungen ethnologischer und antiker Funde Alfonso Donninis hervor. Die Sammlungen vergrößerten sich durch Zusendungen von Kuriositäten durch Jesuiten aus aller Welt, durch Geschenke von Antiken und durch die von Kircher für seine Experimente gebauten und erdachten Instrumente sowie technischen Erfindungen. Das Museum, das sich in den Kreuzgewölben eines für diese Zwecke zugemauerten Arkadengangs des Collegium Romanum befand, war die bedeutendste und berühmteste Kunst- und Wunderkammer eines Gelehrten und gehörte – zusammen mit Kirchers Führungen und Vorführungen – im 17. Jahrhundert zum absoluten Muss gebildeter Rombesucher. Angelegt als Abbild von Mikro- und Makrokosmos enthielt es *naturalia* und *arteficialia*, Versteinerungen, Obelisken, ausgestopfte Tiere oder Skelette ebenso wie wertvolle Kunstwerke, ägyptische, römische und griechische Ausgrabungsobjekte, Uhren, Gläser, astronomische Instrumente, Automaten und Maschinen, chinesisches und japanisches Porzellan sowie Kunsthandwerk aus Afrika und Nordamerika. Zugleich diente es als Experimentallabor für Kirchers optische und akustische Versuche.

Das »Museo Kircheriano« im Collegium Romanum besteht nicht mehr. Über die Innenansicht existiert ein einziger Stich aus dem Jahr 1678; ein Foto von etwa 1850/70 dokumentiert den Innenraum wohl kurz vor seiner Zerstörung. 1874 verteilte der italienische Staat die nach der Aufhebung des Jesuitenordens 1773 im Collegium Romanum verbliebenen Objekte auf Museen in Rom, Turin und Florenz.

Ein schöpferischer Geist

Athanasius Kircher war ein Mann mit universaler Bildung, es war auch eine Zeit, in der zahlreiche andere Gelehrte ihre Entwicklungen hervorbrachten, wie etwa das Fernrohr und die Entdeckung des Magnetismus. Kirchers Werke sind das Ergebnis eines schöpferischen Geistes und Zeugnis seiner Epoche und ihrer geistigen Grundlagen. Kircher war über alle Maßen begeisterungsfähig und alles Wunderbare faszinierte ihn. Die Sphinx war dabei sein Leitbild. Kircher hatte eine Neigung zu allem Kryptischen. Und es gab nichts, was ihn nicht interessiert hätte: Koptisch, das er für den Schlüssel des Zugangs zur Entzifferung der Hieroglyphen hielt, die Sterne und die Kometen, die Sonnenflecken, die er mit einem Teleskop beobachtete, die Tiere und ihre Errettung vor der Sintflut, der Turm von Babel, der seiner Meinung nach deswegen nicht weitergebaut werden konnte, weil sein Gewicht sonst die Erdachse verschoben und die Erde zum Kippen gebracht hätte, das geheimnisvolle Erdinnere mit seinen Feuerherden, deren äußeres Zeichen die Vulkane waren. Sein Sprachtalent, sein staunenswertes Gedächtnis, die naturwissenschaftliche Begabung und die große, oft über das Ziel hinausschießende Phantasie machten ihn zum Universalisten schlechthin.

Kircher allein ist es zu verdanken, dass die ägyptischen Hieroglyphen 1822 von François Champollion entziffert werden konnten. Zur Überwindung der allgemeinen Sprachverwirrung hat Kircher das Konzept einer universalen Symbolsprache entwickelt. Auf Kircher geht eine der ersten Mondkarten zurück und die erste gedruckte Karte der wichtigsten Meeresströmungen. Kircher führte als Erster Blutuntersuchungen mit dem Mikroskop durch; er vermutete richtigerweise, dass kleine Lebewesen die Pest verursachen. Kircher kannte die astrologischen Einflüsse auf die menschliche Gesundheit und irdische Naturkatastrophen. Er glaubte an Seejungfrauen und Greife und an die uneingeschränkte Geltung des Alten Testamentes.

Durch alle Werke Kirchers zieht sich als einigendes Prinzip sein besessenes Forschen nach Ursprüngen. Von den griechischen Wurzeln der westlichen Musik und von den unterirdischen Quellen des Wassers und des Feuers ging eine gleiche Faszination auf ihn aus. Als er den Vesuv besichtigte, riskierte er sein Leben, um den Krater zu untersuchen; als er in Rom lebte, erforschte er die Geschichte des antiken Latium. Am allermeisten aber drängte es ihn, die Anfänge von Sprache und Religion zu verstehen. So rekonstruierte er auf der Grundlage des Zeugnisses des Alten Testamentes und der griechischen Geschichtsschreiber und mit gebührender Ehrerbietung vor den Kirchenvätern und den Doktoren der Kirche die Frühgeschichte der Welt und der Menschheit.

Die »Laterna magica«

Auch war der Jesuit ein erfindungsreicher Mann und gilt als Konstrukteur der »Laterna magica«, des Vorläufers des heutigen Projektionsapparates. – Von der »Laterna magica« hört man zum ersten Mal anlässlich ihrer Vorführung durch einen Dänen 1646, also im selben Jahr, in dem Kircher in seiner ersten Ausgabe von »Ars Magna Lucis« sie erwähnt, aber nicht beschreibt. So mag er sie vielleicht nicht als Erster erfunden haben, aber er hat mit Sicherheit zu ihrer großen Popularisierung beigetragen. Das erste Medienprojekt der Jesuiten fand im Jahr 1646 statt, als erstmals projizierte Lichtbilder im Schulbereich am Collegium Romanum nach Kircher'schem Prinzip der »Laterna magica« Bewegungsabläufe vortäuschten. Waren es bei Kircher noch einzelne Glasstreifen, die als Bildträger zwischen einer Lichtquelle und einem optischen Linsensystem vorbeigezogen wurden, finden wir bei seinem Ordensmitbruder Kaspar Schott wenig später die Bilder auf einer zwischen Licht und Optik rotierenden Scheibe. Mit dieser »Laterna magica« gelang es also, Bewegungsabläufe vorzutäuschen. Aber ihr wie allen nachfolgend konstruierten »Animationsgeräten« haftete der gleiche Mangel an: ihr Vorführprogramm blieb auf einige wenige Bilder beschränkt, und die sich stets wiederholenden Bildfolgen wirkten langweilig. Erst als Emile Reynaud 1889 auf die Idee kam, die sich bewegenden Figuren direkt auf einen Zelluloidstreifen zu zeichnen, war es ihm möglich, in seinem »optischen Theater« bis zu 700 Einzelbilder vorzuführen. Damit war der Trickfilm geboren und der Grundstein gelegt, dass die Bilder laufen lernten.

Weltraumfahrt und Wissenschaft der Erde

Athanasius Kircher selbst war kein Astronom in dem Sinne, dass er mit seinen Beobachtungen und Berechnungen neue Erkenntnisse lieferte. An der dank des Teleskops beträchtlichen Vermehrung dieses Wissens nahm er jedoch regen Anteil. Ein eigener Beitrag für die Astronomie lässt sich in seiner umfangreichen Korrespondenz ausmachen. Durch sie fungierte Kircher für die Astronomie seiner Zeit als Vermittler von Beobachtungsdaten. Insbesondere hatte er einen Umschlagplatz für weltweite Information zu bieten.

Im »Iter exstaticum coeleste« (Würzburg 1660), seinem kosmologischen Hauptwerk mit dem vollen Titel »Ekstatische Reise, auf der die Verfasstheit der Welt, das heißt Natur, Kräfte und Eigenschaften des Weltraums, der Planeten sowie Fixsterne und deren jeweilige Zusammensetzung und Ordnung ausgehend von der Erde als unterstem Himmelskörper bis zu den äußersten Grenzen der Welt untersucht unter dem Mantel einer fiktiven Entrückung, mittels einer neuen Hypothese ans Licht der Wahrheit gebracht wird in einem Dialog zwischen Cosmiel und Theododactus«, unternimmt Kircher eine imaginäre Weltraumfahrt, um mit einem himmlischen Begleiter Mond, Sonne und Planeten zu besuchen und sich das Firmament erklären zu lassen. Auf der von Tycho de Brahe festgelegten Route erreicht er die einzelnen Himmelskörper, beschreibt sie und gibt damit eine gemeinverständliche Einführung in die Kosmologie, die der damals vertretenen christlichen Schöpfungslehre entspricht. Am Beginn des Buches erklärt Kircher die damals bekannten Weltsysteme. Bei den von Claudius Ptolemäus, Platon, Herakleidos Pontikos, auf den das ägyptische System zurückgeht, Tycho de Brahe und Giovanni Battista Riccioli SJ entwickelten geozentrischen Weltbildern befindet sich die Erde im Mittelpunkt des Universums. Um sie bewegen sich, wie Kircher anhand von Zeichnungen erläutert, in unterschiedlicher Anordnung auf verschiedenen Bahnen Mond, Sonne und Planeten. Nikolaus Kopernikus entwarf dagegen ein heliozentrisches System, bei dem die Planeten um die Sonne kreisen. Da die Kirche das kopernikanische Weltsystem verurteilt hatte, vertraten Kircher und die meisten Jesuiten das von Tycho de Brahe modifizierte geozentrische System.

Das Erdinnere nach dem „Mundus subterraneus“ des Athanasius Kircher SJ, 1678.

Den Anstoß, ein Buch über die Wissenschaft von der Erde zu veröffentlichen (»Mundus subterraneus«, Amsterdam 1664–65), erhielt Kircher als Ergebnis seiner Reise nach Sizilien im Jahr 1568, die durch die unvorhergesehenen Erlebnisse von Vulkanausbrüchen noch interessanter wurde, als sie es an sich schon war. Der gleichzeitige Ausbruch des Ätna und des Vesuv brachte Kircher auf die Idee, dass die beiden Vulkane miteinander verbunden sein müssten. Um dies herauszufinden, bestieg er sie und ließ sich unter Lebensgefahr in den gasverseuchten Krater des Vesuv abseilen. Aufgrund der gewonnenen Erkenntnisse entwickelte Kircher das Denkmodell einer von Gott geschaffenen unterirdischen Welt, die er in zwölf Büchern beschreibt, um durch die Zahl Zwölf ihre Harmonie und Vollkommenheit anzudeuten.

Nachdem er im ersten Buch die Erschaffung der Welt dargestellt und die Schwerkraft behandelt hat, erläutert Kircher im zweiten anhand des von Tycho de Brahe entwickelten geozentrischen Weltbildes die Beziehungen der Erde zu Sonne, Mond und den übrigen Planeten, erklärt die Entstehung von Quellen, Bächen und Flüssen, die von großen unterirdischen Wasserspeichern gespeist werden, und lokalisiert den sagenhaften Inselstaat Atlantis, über den ägyptische und griechische Geographen berichtet haben. Die folgenden vier Bücher befassen sich mit Meereskunde, Vulkanologie, Hydrologie sowie den vier Elementen Feuer, Luft, Wasser und Erde. Im zweiten Band des umfangreichen Werkes beschreibt Kircher die Produkte der unterirdischen Welt. Neben Versteinerungen von Pflanzen, Tieren, Menschen und Dämonen gehören dazu Gifte und Gegengifte sowie Edelsteine, Erze und Mineralien. Nach einer scharfen Kritik an der Alchemie seiner Zeit versucht Kircher zu zeigen, wie die Kräfte der Natur zum Wohle des Menschen eingesetzt werden können. Obwohl ihm Kritiker vorgehalten haben, seine Werke mit zu viel Phantasie und großer Ungenauigkeit verfasst zu haben, betrachtete Kircher Naturerscheinungen als Teile eines Ganzen, das nur durch Zusammenfassung von empirischer und experimenteller Beobachtung, literarischer Tradition und Spekulation erschlossen werden kann. Deshalb verweist er immer wieder auf eigene Experimente, die er in seinem damals berühmten Museum durchgeführt habe und beruft sich auf die Aussagen antiker Gelehrter, deren Schriften er gelesen hat. Und er stützt sich auf die Erkenntnisse von Wissenschaftlern seiner Zeit, indem er beispielsweise Christoph Scheiners Mondkarte und Sonnenkarte abdruckt. Letztere ist jedoch reicher an Phantasie als bei Scheiner: Die Sonne ist als Feuer-Ozean dargestellt mit Wolken aus schwarzem Rauch – eine Interpretation der Sonnenflecken –, Feuerquellen und entweichenden Dämpfen.

Das »Organum mathematicum«

Mathematik ist für Kircher der Schlüssel zum Verständnis der Welt. Denn allem liegt nach seiner Überzeugung Mathematik zu Grunde, weil Gott alles mathematisch geordnet hat. Wie es in der Bibel heißt: *Aber du hast alles geordnet mit Maß, Zahl und Gewicht* (Weisheit Salomos 11, 21). In allen Wissenschaften führt daher Mathematik zur Erkenntnis.

Athanasius Kircher war der Erfinder des »Organum mathematicum«, des Vorläufers des Computers. In diesem Universalinstrument befinden sich eine Rechenmaschine und etwas mehr als 250 Holzstäbchen mit Anleitungen zu Arithmetik, Geometrie, Fortifikation (Festungsbaukunde), Chronologie (Zeitberechnung) Horographie (Uhrenkunde), Astronomie, Astrologie, Steganographie (Geheimschriftkunde) und Musik.

Kircher schickte 1661 ein kleines Kästchen nach Wien, adressiert an Gottfried Aloisius Kinner, den Erzieher von Erzherzog Karl Josef (1649–1664, Sohn Kaiser Ferdinands III.). Im Begleitbrief bezeichnet Kircher das Kästchen als »Organum mathematicum« und führt aus, dass damit der damals fünfzehnjährige Erzherzog in neun Wissenschaften unterrichtet werden könne. Kircher schreibt an Kinner: *Es boten sich verschiedene Sachen, … die geeignet gewesen wären, bei einem Fürsten großen Gefallen zu finden … Schließlich ward beschlossen, ein kleines Kunststück zu schikken, das wohl geeignet ist, mathematisches Wissen mit Leichtigkeit zu begreifen … Ich setze dich vor allen anderen in dem an den Erzherzog gerichteten Brief als Ausbilder ein: Ohne einen erfahrenen Lehrer ist es nämlich nicht möglich, irgendetwas richtig durchzuführen.*

Dieses Kästchen fasst das mathematisch-naturwissenschaftliche Können des 17. Jahrhunderts zusammen. Es lässt sich verwenden

für die Grundrechenarten: Addieren, Subtrahieren, Multiplizieren, Dividieren, Wurzelziehen;
zur Lösung geometrischer Aufgaben: Trigonometrie;
zur Festlegung von Festungsgrundrissen;
zur Bestimmung des kirchlichen und bürgerlichen Kalenders;
zur Konstruktion von Sonnenuhren;
für die Astronomie und Astrologie;
für die Ver- und Entschlüsselung von Texten (Steganographie);
zur Vermittlung der Grundkenntnisse der Musikkunde.

Für jede der neun Wissenschaften gibt es im Kästchen eine Lade mit fachspezifischen Tabellen. Insgesamt sind es rund 50 beschriftete Tabellen, die sich aus einigen hundert Stäbchen zusammensetzen.

Das Kästchen, das Kircher an den Wiener Hof geschickt hat, ist verschollen. Bekannt dagegen sind zwei andere Exemplare, von denen sich das eine in Florenz und das andere (aus der Sammlung Pater Orbans) im Bayerischen Nationalmuseum in München befindet.

Drei Jesuiten haben mit der Geschichte dieses Gerätes zu tun: Athanasius Kircher, Kaspar Schott und Ferdinand Orban.

Kaspar Schott

Johannes Kaspar Schott wurde am 5. Februar 1608 im heutigen Bad Königshofen im Grabfeld als Sohn des Johannes Schott, Soldat in der von Fürstbischof Julius Echter von Mespelbrunn ausgebauten Grenzfestung, geboren. Wahrscheinlich hat Kaspar das Jesuitenkolleg in Würzburg besucht. Am 30. Oktober 1627 trat er in Trier in die Gesellschaft Jesu ein. Am 6. November 1629 begann er an der Universität Würzburg seine philosophischen Studien und wurde Schüler von Athanasius Kircher, mit dem ihn eine lebenslange Freundschaft verband. Als die schwedischen Truppen unter Gustav Adolf im Oktober 1631 in Würzburg einfielen, mussten die Jesuiten aus der Stadt fliehen. Während Kircher nach Rom ging und dort blieb, reiste Schott zunächst nach Belgien, wo er zwei Jahre blieb und seine Philosophiestudien fortsetzte. Das dritte philosophische Jahr absolvierte er dann in Tournai. Nachdem er nun zum Theologiestudium zugelassen wurde, durfte er dazu nach Palermo reisen, wo er vom Krieg unbehelligt studieren konnte. 1637 zum Priester geweiht, beendete er ein Jahr später seine Studien und schloss mit dem Tertiat, dem dritten Probejahr, seine Ordensausbildung ab. Am 24. November 1641 legte er seine Letzten Gelübde ab.

In den Jahren von 1648–1651 lehrte Schott in Palermo Philosophie, Mathematik und Moraltheologie. Von 1652 an unterstützte er Athanasius Kircher bei der Publikation seiner Werke. 1655 wurde er allerdings von seinem Ordensgeneral nach Deutschland zurückbeordert, wo er an der Universität Würzburg als Professor für Philosophie, Mathematik und Physik tätig war. Daneben war er auch der Beichtvater des Fürstbischofs. Nach einem erfüllten wissenschaftlichen Leben starb Schott am 22. Mai 1666 in Würzburg.

Durch und durch Mathematiker

Kaspar Schott unterrichtete in Palermo und Würzburg die Mathematischen Wissenschaften, die damals zur Philosophie gehörten und die Grundlagen des Studiums bildeten. Dass er, der sowohl Anfänger als auch Fortgeschrittene gleichermaßen gern und gut unterrichtete, didaktisch begabt war, zeigt sich schon in seinen Lehrbüchern: Der »Cursus mathematicus« (1661) wendet sich unmittelbar an Anfänger, um ihnen die Grundlagen der Mathematik zu vermitteln. Ein Auszug des Werks erschien 1663 unter dem Titel »Arithmetica practica generalis ac specialis« und wurde zu einem weit verbreiteten Lehrbuch an Gymnasien. Das »Pantometrum Kircherianum« (1660) gibt eine systematische Einführung in die Praktische Geometrie an Hand eines von Kircher erfundenen und von Schott weiterentwickelten Vermessungsinstrumentes, dem Schott diesen Namen gegeben hat. Sie didaktische Prägung in Schotts Lehrbüchern zeigt sich auch an der Aufteilung der Inhalte in sinnvolle Teile, einer zweckmäßigen Anordnung der Teile, Erklärungen der verwendeten Begriffe, ausführlichen Beschreibung und häufig auch Illustrationen der zu behandelnden Sachverhalte und schließlich ihrer Begründung. Seine Darstellung ist also auf Verstehen ausgerichtet. Insbesondere ist er um eine verständliche Sprache bemüht, wobei er eine gewisse Länge des Textes durchaus in Kauf nimmt, wie er im Vorwort seiner »Magia universalis naturae et artis« (1657) schreibt: *Ich will eher lang als dunkel erscheinen.* Seine Schriften laden auch zum Selbststudium ein, wie er im Titelblatt seines »Cursus mathematicus« (1661) verspricht: ... *dass jeder, auch wer nur über mittelmäßige Begabung verfügt, die gesamte Mathematik von den ersten Grundlagen an selbstständig lernen kann.*

Kaspar Schott war durch und durch Mathematiker. Mathematik war für ihn nach dem Verständnis der Griechen Wissenschaft und ihrer Natur nach göttlich. *Gott treibt immer Mathematik* – diese klassische Aussage findet sich immer wieder in seinen Texten. Schott war ein universal gebildeter Mathematiker, also sowohl im engeren Sinn – Arithmetik, Geometrie, Trigonometrie, Algebra, Lehre von den Logarithmen – als auch der Mathematik einschließlich ihrer Anwendungsgebiete Optik, Akustik, Statik, Hydrostatik und Magnetismus. Zu den Mathematischen Wissenschaften gehörten aber auch die kirchliche Zeitrechnung, die Lehre von den Sonnenuhren, Architektur und Musik.

Das »Organum mathematicum«

Kaspar Schott hat eine Beschreibung des »Organum mathematicum« verfasst, die nach seinem Tod 1668 in Würzburg publiziert wurde. In den zehn Fächern der Lehrmaschine Kirchers für seinen zwölfjährigen Schüler Erzherzog Karl Josef aus dem Jahr 1661 befinden sich Täfelchen, auf denen Tabellen eingetragen sind, mit denen man Aufgaben aus Arithmetik und Geometrie, zum Festungsbau, zur kirchlichen Zeitrechnung, zum Bau von Sonnenuhren, zur Astronomie und Astrologie, zur Verschlüsselung und zur Komposition behandeln kann. Schott druckt den Begleitbrief Kirchers an Kinner mit dessen Erläuterungen zur Lehrmaschine ab, gibt selbst didaktische Begründungen für die einzelnen Gebiete an und stellt dann ausführlich die angesprochenen Gebiete dar. Diese meisterhafte Darstellung zeigt das immense fachliche Wissen Schotts.

Neben Werken über Mathematik, Rechenkästen, Architekturtheorie und Physik hat sich Schott auch wiederholt mit Geheimschriften befasst. Bereits im vierten Buch der »Magia universalis« beschreibt er verschiedene Verfahren zum Verbergen von Nachrichten. Und im »Organum mathematicum« stellt er das Hintergrundwissen für das Arbeiten mit den Verschlüsselungsstäben der Mathematischen Orgel vor. Sein umfang-

Vorführung einer Verschlüsselungsmaschine von Kaspar Schott, 1665.

reichstes Werk zu diesem Thema aber ist seine »Schola steganographica« (1665), in deren Mittelpunkt die von Kircher entwickelten Maschinen, die »Arca glottotactica« und die »Arca steganographica« stehen. Während die »Arca glottotactica« eine sprachtaktische Maschine war, mit der man mittels 40 typischen Redewendungen in fünf Sprachen (Latein, Deutsch, Französisch, Italienisch, Spanisch) ver- und entschlüsseln konnte, was doch einige Schwierigkeiten bot, ließ sich dies durch die »Arca steganographica« vermeiden. Diese Verschlüsselungsmaschine ist ein Kasten mit 24 Fächern, die mit dem Alphabet von A–Z beschriftet sind. In jedem Fach befinden sich sechs Stäbe, auf denen den einzelnen Buchstaben des Alphabets jeweils die Zahlen von 1–26 in bestimmter Weise zugeordnet sind. Sender und Empfänger verabredeten ein Codewort, das sie nun beide mit den Stäben der Fächer legten. Zum Verschlüsseln einer Nachricht erhielt man über die Buchstaben eine entsprechende Zahlenfolge, zum Entschlüsseln ging man umgekehrt vor.

Schott war auch ein fleißiger Sammler und Experimentator, der mit vielen Meistern der Naturwissenschaft in Briefwechsel stand, so mit Otto von Guericke, dem Erfinder der Luftpumpe. Schott war einer der Ersten, der an lebenden Tieren Experimente machte, so über deren Verhalten unter der Luftpumpe oder die Wirkung von Einspritzungen in die Adern.

Ferdinand Orban

Ferdinand Orban wurde am 6. Mai 1655 in Kammer bei Landshut geboren und trat am 24. Oktober 1672 in Landsberg am Lech in den Jesuitenorden ein. Er lehrte Grammatik und Rhetorik in den Jahren 1678–1682 an den bayerischen Jesuitengymnasien in Neuburg an der Donau, Burghausen, Landshut und Regensburg und absolvierte seine philosophischen und theologischen Studien zu Ingolstadt 1675–1678 und 1682–1686. Anschließend war er 1688–1692 Mathematikprofessor und Hofprediger zu Innsbruck, wo er am 6. Juni 1690 die Leichenpredigt auf Herzog Karl V. von Lothringen hielt. Nach kurzer Tätigkeit in Burghausen war er 1695–1702 Prediger in Landshut, wo er damit begann, naturwissenschaftliche und kunsthistorische Antiquitäten, Gemälde, physikalische Instrumente, Münzen und andere Merkwürdigkeiten zu sammeln – nicht immer ohne Widerspruch seiner Oberen und Mitbrüder.

Die Jahre 1703–1719 verbrachte Orban als Hofbeichtvater bei Pfalzgraf Johann Wilhelm. Dort ging er weiterhin seiner Sammelleidenschaft nach, aber er kümmerte sich auch zunehmend um die Armen, Kranken und anderen Notleidenden. Durch sein diplomatisches Geschick gelang es ihm, eine größere Geldsumme aus Holland für den Pfalzgrafen zu erlangen, die dieser bereits verloren geglaubt hatte. Als Dank überließ der Pfalzgraf Orban einen ordentlichen Anteil davon für seine Armen. Durch den Düsseldorfer Hof kam Orban in Beziehung zum Kaiserhaus und anderen fürstlichen Familien, die seine Gelehrsamkeit, Bescheidenheit und Gewandtheit im Umgang schätzten. Seit 1719 wirkte er wieder in Landshut als Prediger, Bibliothekar und Präses der Marianischen Kongregation. Große Verdienste erwarb er sich um den Neubau des Armenspitals, für das er eine größere Geldsumme stiftete. 1722 wurde er wegen erneuter Auseinandersetzungen mit seinem Provinzial nach Ingolstadt versetzt.

Neben seiner Wohltätigkeit war vor allem sein Museum ein Stein des Anstoßes für seine Ordensmitbrüder und veranlasste seine Oberen, ihn 1722 nach Ingolstadt zu versetzen, wo er, den seine Zeitgenossen als wahren Polyhistor priesen, am 30. Dezember 1732 starb.

Die »Orbansche Sammlung«

Mit seinen Ordensvorgesetzten hatte Orban wiederholt Schwierigkeiten. Sie warfen ihm Ungehorsam und mangelnde Armut vor. Letzteres wohl im Hinblick auf seine sozialen Stiftungen wie Spitäler in Düsseldorf und Landshut, und vor allem wohl wegen seiner Kunst- und Naturaliensammlung. Diese hatte Orban in seinen Innsbrucker Jahren begonnen – von Herzog Karl V. von Lothringen hatte er wertvolle Stücke aus der Wiener Türkenbeute von 1683 erhalten, daneben hatte er zahlreiche Gemälde von Tiroler Künstlern erworben – und erhielt nach seiner Versetzung nach Ingolstadt 1724 die Erlaubnis der Ordensoberen, sie wieder in Besitz zu nehmen. Ein Jahr später errichtete ihm das dortige Jesuitenkolleg im

Garten einen eigenen Museumsbau für seine umfangreiche, im Laufe der Jahrzehnte gewachsenen Kuriositätensammlung, in der sich ein so aufsehenerregender Gegenstand wie die Hirnschale Oliver Cromwells befand, ein Geschenk des britischen Herzogs Marlborough. Orbans Bekanntschaft mit regierenden Fürsten und die weltumspannende Missionstätigkeit des Jesuitenordens machten sich bei der Erwerbung seltener Ausstellungstücke bezahlt. Das Museum, vergleichbar mit dem »Museo Kircheriano« des Athanasius Kircher in Rom, war das erste seiner Art in Bayern und umfasste mathematische, physikalische und astronomische Instrumente, Textilien, Waffen, Kleinplastiken, Steinschnitte und Gemälde, eine Münzsammlung, ostasiatisches Kunsthandwerk und Mineralien, Muscheln und Insekten. Ein aus dem Jahr 1774 stammendes Inventar verzeichnet etwa 1.450 Objekte. Zu dieser Sammlung gehörte auch ein »Organum mathematicum«, das sich heute im Bestand des Bayerischen Nationalmuseums in München befindet.

Das »Gesamtkunstwerk« des Museums mit dem Saalbau, mit Stuckierung, Ölbildern, den geplanten Fresken sowie der Sammlung, auch wenn sie aus Zufälligkeiten und grenzenloser Sammelleidenschaft entstanden war, ergab ein Himmel und Erde umspannendes System, eine Weltsicht, die in den vorgesehenen Deckenbildern die vier Elemente, die Künste und Wissenschaften und die Theologie in ihrer Unterordnung unter die göttliche Weisheit umgriff.

Die vier so genannten »Bassgeigenporträts« mit Scheiner, Clavius, Cysat und Kircher wurden für den »Orbansaal« in Ingolstadt geschaffen. Dieser Saal ist heute nicht mehr vorhanden, nur mehr die vier Gemälde, die in den vier Ecken des Saales hängen sollten, zeugen noch im Stadtmuseum Ingolstadt innerhalb der Jesuiten-Dauerausstellung von seiner Existenz. Die Orbansche Sammlung selbst gelangte 1774, ein Jahr nach der Aufhebung des Jesuitenordens, an die Universität Ingolstadt. Zuvor jedoch war von ehemaligen Ordensangehörigen ein genaues Inventar angelegt worden. Im August 1796 wurde die Sammlung vor den anrückenden französischen Truppen nach München ausgelagert. Mit der Verlegung der Universität nach Landshut kam die Sammlung ebenfalls dorthin. Schließlich wurde sie aufgelöst und die Objekte einzelnen

Universitätsabteilungen und der Universitätsbibliothek zugeteilt. 1881 gelangten dann Teile der Sammlung nach München an das Bayerischen Nationalmuseum und das heutige Völkerkundemuseum, bei denen sie bis heute erhalten geblieben sind.

Johann Georg Keßler berichtet über seinen Besuch im Jesuitenkolleg Ingolstadt, der noch zu Lebzeiten Orbans stattfand: *Nebst der Bibliothec besiehet man des P. Urban Sammlung von Curiositäten, vor welcher ein besonderer grosser und ansehnlicher Saal gebaut ist. Sie bestehen aus mancherley ausländischen Rüstungen, Trachten, Hausrath, Antiquitäten, Manuscripten und Thieren: Gemälden, Muscheln, Optocos und andern mathematischen Dingen, welche jedoch meistentheils unordentlich untereinander liegen, theils weil der P. Urban aus Verdruß sich wenig mehr darum bekümmert, und die übrigen hier befindlichen Jesuiten wenig davon verstehen, theils weil diese aus Hass gegen den Pater Urban, den sie, wann sie auch am glimpflichsten reden, dennoch allzeit einen wunderlichen eigensinnigen Mann nennen, alle diese Dinge als verächtliche Bagatellen tractiren. Der Hertzog von Marleborough hat in dieses Cabinett ein Stück einer Hirnschale von der Größe einer Hand geschencket, und zwar unter dem Titul, dass solches von dem berühmten Cromwel sey, dessen Cörper der Pöbel nach wieder hergestellter Königlichen Regierung ausgegraben und durch die Stadt London geschleppet hätte …*

Die Vielfalt der Sammlung spiegelt die weitgespannten geistigen Interessen Orbans wieder, der sich mit Mathematik, Physik, Astronomie und Alchemie beschäftigte. Zugleich ist sie ein Beitrag für den Aufschwung der Naturwissenschaften im 17. und 18. Jahrhundert, zu dem auch Mitglieder des Jesuitenordens einen beachtlichen Beitrag leisteten, wie Athanasius Kircher, Christoph Scheiner und Kaspar Schott.

China

Die Naturwissenschaften waren es letztlich auch, die jesuitischen Missionaren in China Zutritt verschafften. Ihr Grundsatz war: Glaubensverbreitung durch Wissensvermittlung.

Obwohl Franz Xaver (1506–1552), der Mitbegründer des Jesuitenordens und größte Missionar der Neuzeit durch sein erfolgreiches Wirken zum Apostel Indiens und Japans wurde, konnte er das Christentum nicht nach China bringen. Das lang ersehnte Ziel vor Augen, starb er 1552 auf der Insel Sancian bei Kanton. Erst 30 Jahre nach seinem Tod gelang es den ersten Jesuiten, in das Reich der Mitte vorzudringen. Sie beschritten dabei eigene Wege: sie lernten die Landessprache und befassten sich mit chinesischer Literatur; sie nahmen chinesische Namen an, kleideten sich wie die Gelehrten des Landes und verschafften sich Einfluss mit Hilfe der Wissenschaften. Sie übernahmen die Lebensgewohnheiten und Umgangsformen chinesischer Beamter und Literaten, mit denen sie Kontakt aufnahmen und Beziehungen pflegten. Bald holte man sie wegen ihrer mathematischen Kenntnisse und technischen Fähigkeiten nach Peking, damit sie dort die kaiserliche Sternwarte einrichten und die Reform des chinesischen Kalenders durchführen sollten.

Matteo Ricci

»Den Chinesen ein Chinese«

China, das verschlossene Reich der Mitte, war das letzte Missionsziel von Franz Xaver gewesen. Ihm war es nicht mehr vergönnt, sein Ziel zu erreichen. Vor den Toren Chinas starb er 1552. Aber im selben Jahr wurde am 6. Oktober im italienischen Macerata Matteo Ricci geboren, der große Begründer der neuzeitlichen Chinamission. Der Sohn vornehmer Eltern besuchte das Jesuitenkolleg seiner Heimatstadt und studierte Jura, Theologie und Philosophie in Rom, wo er 1571 in den Jesuitenorden eintrat. Ein Mann von gewinnender Persönlichkeit; Mathematiker, Astronom und Schüler des Naturwissenschaftlers Christoph Clavius, der von Gregor XIII. mit den Vorarbeiten zur Kalenderreform (1583) betraut war. Die größte Gabe Riccis war sein Gedächtnis. Es war einfach phänomenal, gehorchte einer ausgefeilten Mnemotechnik und verblüffte alle, die später eine Kostprobe seiner Leistungsfähigkeit erleben durften. 400 nicht in einem logischen Zusammenhang stehende Schriftzeichen memorierte er, vor- und rückwärts, nachdem er sie nur einmal gelesen hatte. Er verfasste Abhandlungen über die Gedächtniskunst, die Freundschaft und den wahren Herrn des Himmels. Seine Weltkarte machte die Runde, seine genauen Uhren zeigten eine neue Zeit an.

Matteo Ricci SJ. Gemälde eines unbekannten Meisters, 17. Jh.

Die alte China-Mission der Jesuiten gilt als eines der gewagtesten und umstrittensten Experimente der Missionsgeschichte. 1583 reisten Matteo Ricci und Michele Ruggieri auf legale Weise in das Reich der Mitte. Sie kamen als *Barbaren des Westens, die vom Ruhme Chinas bewegt und vom Dufte seiner Tugenden angezogen sind, um sich für immer dort niederzulassen.* Sie hielten dabei die Fiktion aufrecht, der chinesische Kaiser sei der Herr der Welt. Und hier, in Kanton, beginnt erst die Geschichte des Matteo Ricci.

Matteo Ricci ist als der eigentliche Begründer der Akkomodationsmethode anzusehen. Der italienische Jesuit lernte Chinesisch und studierte die Schriften des Konfuzianismus. Statt seines christlichen trug er einen chinesischen Namen – Li

Madou – und die Kleidung chinesischer Gelehrter, deren Lebensgewohnheiten und Umgangsformen er übernahm – so ließ er sich wie die buddhistischen Mönche den Kopf kahl scheren. Typisch für ihn ist seine scherzhafte Äußerung, er bedaure, dass er mit dem Anlegen chinesischer Tracht nicht auch den Schnitt seiner Augen und die Größe seiner Nase habe ändern können. Er tat alles, um den Eindruck zu vermeiden, das Christentum sei ein europäischer Import. Seinen Katechismus kleidete er in die Form eines tiefsinnigen Dialogs zwischen einem chinesischen Philosophen und einem christlichen Priester. Und seine Schrift »Die wahre Lehre über Gott«, 1604 in vollendetem Chinesisch verfasst, stellt die christliche Botschaft als Erfüllung der nationalen Tradition Chinas dar und gilt als ein Werk der klassischen chinesischen Literatur. Die Absicht des Buches besteht darin, in der Form des Dialoges zwischen einem abendländischen Gelehrten und einem chinesischen Literaten die Existenz Gottes, die Unsterblichkeit der Menschenseele im Gegensatz zur Tierseele sowie die Freiheit des Menschen zu untermauern, die heidnischen Lehren von der Seelenwanderung zu widerlegen und den Weg zur Erkenntnis des Schöpfergottes und Erlösers zu ebnen.

Bereits am Anfang seiner Missionszeit fand Ricci großen Zuspruch bei den Chinesen, da er die erste Weltkarte in China (»Magna Mappa Cosmographica«) herstellte, auf der das Land China sich gemäß der Vorstellung der Chinesen tatsächlich in der Mitte der Welt befindend dargestellt ist. Diese Karte ist die erste in China, auf der der amerikanische Kontinent abgebildet ist. 1597 wurde Ricci Oberer der chinesischen Mission. Ein Jahr später machte er den ersten Versuch, in Peking festen Fuß zu fassen. Aber erst ein zweiter Vorstoß hatte Erfolg. Auf der Fahrt verfasste er eine Denkschrift an den Kaiser Wan-li, worin er den Zweck seiner Reise darlegte und die Geschenke verzeichnete, die er dem Herrscher überbringen wollte. Er musste in Tien-tsin ein halbes Jahr warten, bis am 24. Januar 1601 die kaiserliche Erlaubnis eintraf, die ihm – als erstem Europäer – die Tore Pekings öffnete. Den ständigen Aufenthalt in Peking ermöglichten ihm mechanische Uhren, die er dem Kaiser als Geschenk hatte überreichen lassen – den Mechanismus der Uhren in Gang zu bringen und zu halten, behielt sich Ricci selbst vor. Sein Auftreten überwand in wenigen Monaten alle Vorurteile und gewann ihm in hohem Grad die Gunst des Hofes. Seine letzten neun Lebensjahre benützte er zu wissenschaftlichen Arbeiten im Dienste des Hofes, besonders auf dem Gebiet der mathematischen Erdkunde, Kosmographie, Astronomie und Kartographie. Er entwickelte auch die Vorstellung, dass Marco Polos Cathay und China identisch seien. Dies wurde aber erst durch die Landreise von Pater Benedikt Goes SJ 1602–1607 bestätigt. Ricci, einer der hervorragendsten Gestalten in der östlichen Missionsgeschichte, starb am 11. Mai 1610 in Peking.

Ricci gab manchem Chinesen Rätsel auf. Das geht aus dem Zeugnis eines zeitgenössischen chinesischen Gelehrten hervor, der seine Verwunderung über Li-Madou so zum Ausdruck brachte: *Jetzt spricht er perfekt unsere Sprache, schreibt unsere Schrift und kann sich in unserer Etikette ausdrücken. Er ist ein wirklich außergewöhnlicher Mensch. In einer brodelnden Versammlung, wo die Argumente hin und her gehen, bringen die Diskussionen ihn nicht im geringsten in Verwirrung. Unter allen Menschen, die ich erlebt habe, gibt es keinen Vergleichbaren. Bei seinem Tod läuteten in China 300 Glocken.*

Als Grabstätte für Ricci stellte der chinesische Kaiser den Jesuiten in der Nähe von Peking ein Landhaus mit einem größeren Grundstück zur Verfügung. Der belgische Jesuit Nicolas Trigault (1577–1628) übersetzte die Aufzeichnungen Riccis über die Mission in China ins Lateinische und veröffentlichte sie mit einem kurzen Bericht über den Tod und das feierliche Begräbnis des bedeutendsten Chinamissionars.

Die China-Mission der Jesuiten

Papst Johannes Paul II. sagte am 27. Februar 1982 in seiner Ansprache zu den Provinzialoberen von Jesuitenmissionen, dass es kein unverträglicher Widerspruch sei, gleichzeitig treuer Christ und echter Chinese zu sein. Diese Worte helfen uns zu verstehen, warum Matteo Ricci heute ganz besonders aktuell ist. Er war ein Wegbereiter der kulturellen Beziehungen zwischen China und dem Abendland, und sein großes Verständnis und seine Anerkennung für die Werte chinesischer Kultur und Moral ermöglichten ihm, China mit dem Westen und den Westen mit China bekannt zu machen. Ricci erwarb sich bald den Ruf eines sehr vielseitigen Wissenschaftlers. Mit der Vorführung von Neuheiten, wie Prismen aus Muranoglas, europäischen Büchern, Malereien und Holzschnitten, Sonnenuhren, anderen Uhren und Landkarten, zog er ständig Zuhörer an. Zum ersten Mal zeichnete er seine große Weltkarte, mit deren Ausstellung er in der traditionellen chinesischen Kosmographie geradezu eine Revolution auslöste. Damit begann sein entscheidender Beitrag zu der Verbreitung von Wissen und zum religiösen Apostolat, das er auf diese Weise unterstützte, nämlich Abfassung von Büchern in chinesischer Sprache über so verschiedenartige Themen, wie Mathematik, Literatur, Apologetik und Volkskatechese.

Wie Ricci stellen auch die übrigen Chinamissionare die Akkommodationsmethode und die Wissenschaft in den Dienst christlicher Glaubensverkündigung. Durch ihre Arbeit als Astronomen, Kartographen, Mathematiker, Künstler und Techniker konnten sie das Vertrauen des Kaisers gewinnen und ihn 1692 dazu bewegen, das Christentum als Religion in China offiziell anzuerkennen. Aufgrund ihrer wissenschaftlichen Qualifikation leiteten Jesuiten jahrelang das Astronomische Amt in Peking und reformierten den chinesischen Kalen-

Ankunft der ersten Jesuiten in China.

der, an dem sich das staatliche und bürgerliche Leben orientierten.

Zwischen 1661 und 1722 waren insgesamt 463 Jesuiten in der China-Mission tätig, von denen 80 aus dem Land selbst stammten. Das bedeutendste Werk, das ihnen bei ihrem Bemühen um die Anpassung an die chinesische Kultur gelungen ist, ist der »Confucius Sinarum Philosophus«. Es enthält die vier »klassischen« Bücher des Konfuzius und macht den Versuch, die Gemeinsamkeiten im Denken Chinas und im Christentum herauszustellen.

150 Jahre lang konnten sich die Missionare aus der Gesellschaft Jesu am Hof des chinesischen Kaisers unentbehrlich machen: als Verfertiger von Uhren und Kanonen, als Landvermesser, Diplomaten und Dolmetscher in den Verhandlungen mit dem in Sibirien vordringenden Russland. Die Jesuiten waren phantasievoll und fertigten zahlreiche Instrumente an. Ihre Geräte hatten den Vorzug, dass sie präziser waren als die bis dahin in China benutzten.

Diese wissenschaftlich-technischen Arbeiten verschlangen zwar die besten Kräfte, die kaum unmittelbar missionarisch tätig sein konnten. Dennoch kamen sie der Mission zugute. Denn die Unentbehrlichkeit der Pekinger Jesuiten als Experten auf vielen Sektoren und als Vermittler europäischer Wissenschaft bewirkte, dass die Mission erst, von vorübergehenden Erfolgen abgesehen, im Großen und Ganzen stillschweigen toleriert wurde. Trotz zeitweiser Verfolgungen und trotz des Wechsels der Dynastien wuchs die Kirche rasch. 1692 erließ Kaiser Khang-hi, der täglich mehrere Stunden in der Gesellschaft gelehrter Jesuiten verbrachte, die ihm Vorlesungen in Mathematik, Geometrie und europäischer Philosophie zu halten hatten, ein Toleranzedikt. 1697 wurde das Christentum sogar den einheimischen Kulten gleichgestellt. Die Zahl der Getauften, darunter viele Chinesen höherer Stände, betrug 300.000. Leider wurde diese hoffnungsvolle und aufblühende Mission mit einem Mal bedroht: der Ritenstreit brach aus.

Der Ritenstreit

Der langwierige Ritenstreit entzündete sich hauptsächlich an den beiden Fragen, ob man chinesischen Christen die Ahnen-

und Konfuziusverehrung erlauben dürfe und ob man ihnen gestatten dürfe, die chinesischen Gottesbezeichnungen *Tianzhu* (Herr des Himmels), *Tian* (Himmel) und *Shangdi* (höchster Herrscher) als christliche Gottesnamen zu verwenden.

Die Anklagepunkte gegen die jesuitische Missionsmethode, die von Rom aus vorgebracht wurden, lauteten:

Das Tragen einer Kopfbedeckung bei der Feier der Messe.
Der Gebrauch der chinesischen Sprache bei der Liturgie.
Das Unterlassen der vorgesehenen Berührung bei der Taufe einer Frau.
Die Tolerierung des Ahnenkultes.
Das Verheimlichen des Kreuzestodes Jesu.

Die Tolerierung des Ahnenkultes war Hauptgegenstand des Ritenstreites geworden. Während die meisten Jesuiten Zugeständnisse machten, verurteilten Chinamissionare anderer Orden dies als Götzendienst und Aberglauben. Sie lehnten die Auffassung der Jesuiten ab, es handle sich um eine bürgerlich-familiäre Pietätsbezeugung. Die römische Kurie, nur unzureichend und einseitig informiert, entschloss sich 1693 zu einem Verbot von *Tian* und *Shangdi* als Gottesnamen und untersagte den Christen die Ahnen- und Konfuziusverehrung. Damit wurde der Niedergang der China-Mission eingeleitet. Das Christentum wurde von den führenden Schichten immer mehr als »fremde« Religion abgelehnt und der chinesische Kaiser antwortete auf das päpstliche Ritenverbot mit dem Verbot des Christentums in seinem Reich. Dadurch kam es zu schweren Christenverfolgungen und zum Niedergang der China-Mission der Jesuiten.

Johann Adam Schall von Bell

Johann Adam Schall von Bell, am 1. Mai 1592 in einer Kölner Adeligenfamilie geboren, war Mathematiker, Physiker und Astronom. Schon früh interessierte er sich für die Mission in China. Nach Abschluss des Gymnasiums und anschließendem Studium im Germanicum in Rom trat er 1611 in die Gesellschaft Jesu ein und studierte neben Theologie auch Mathematik und Astronomie. 1616 erhielt er die Erlaubnis, als Missionar nach China zu gehen. Zwei Jahre später erreichte er Goa und reiste von dort aus weiter nach Macao, wo er bis 1622 blieb. Dann erreichte er über mehrere Orte schließlich China. Nachdem er Chinesisch gelernt hatte, beschäftigte er sich weiter mit der Astronomie und beobachtete Phänomene am Sternenhimmel. 1630 fand er Zutritt zum Kaiserhof in Peking. Dort lebte und wirkte er bis zu seinem Lebensende.

Adam Schall von Bell SJ. Kolorierte Zeichnung.

Er erschloss den chinesischen Gelehrten die Wissenschaften des Westens. Für China selbst arbeitete er an der Kalenderreform mit. Er erhielt den Auftrag, in Peking eine kaiserliche Sternwarte zu bauen. Seine technische Begabung war genial: Er baute nicht nur optische Geräte, sondern goss auch Kanonen und erstellte Pläne zum Schiffsbau. Unter den Ausländern, die je in China lebten, erreichte Schall von Bell den höchsten Rang. So wurde er zum Direktor des nationalen Astronomischen Amtes ernannt. Daneben sorgte er sich um die christliche Gemeinde in Peking, zollte aber der fremden Kultur, in der er lebte, stets großen Respekt. Die Anpassungsbereitschaft war vielen höchst suspekt. So forderten italienische und portugiesische Mitbrüder seine Entlassung aus dem Orden. Er wurde jedoch völlig rehabilitiert. Befreundet mit dem jungen Manschu-Kaiser, wurde er zum Mandarin I. Klasse erhoben.

Unterstützt wurde Schall von Bell bei seinen astronomischen und mathematischen Arbeiten von dem belgischen Jesuitenmissionar Ferdinand Verbiest. Nach dem frühen Tod des Kaisers wurden beide von christenfeindlichen Chinesen und eifersüchtigen Astronomen wegen Hochverrats angeklagt und 1665 zum Tod verurteilt. Während des Prozesses gelang es Verbiest jedoch, die Richter von der Überlegenheit der europäischen Astronomie zu überzeugen und die Vollstreckung des Todesurteils hinauszuzögern. Plötzlich eintretende Himmelsereignisse und die Intervention der alten Kaiserwitwe retteten schließlich das Leben der Missionare. Als seelisch und gesundheitlich gebrochener Mann starb Tang Jo-wang, so sein chinesische Name, ein Jahr nach seiner Entlassung aus dem Gefängnis am 15. August 1666. Sein Andenken ist bis heute in China lebendig, sein Grab in Peking erhalten.

Ferdinand Verbiest

Ferdinand Verbiest, geboren am 9. Oktober 1623 im belgischen Pittem, trat am 2. September 1641 in die Gesellschaft Jesu ein. In Rom studierte er Theologie, in Sevilla Mathematik, Physik und Astronomie. Mit 35 weiteren Jesuiten fuhr er 1658 in die Chinamission, wo ihn1660 Adam Schall von Bell als seinen Mitarbeiter nach Peking berief.

Nach der Verurteilung zusammen mit Schall von Bell wurde Verbiest rehabilitiert und mit der Kalenderbereinigung, zur Berechnung der Stellung der Gestirne und zur Vorausberechnung einer Mondfinsternis beauftragt. Als Präsident des Astronomischen Amtes erteilte Verbiest Kaiser Kang-hi Mathematik- und Astronomieunterricht. Neben religiösen Büchern veröffentlichte er zahlreiche Werke über Astronomie, Geographie und Mathematik und erstellte astronomische Tafeln. Für die Pekinger Sternwarte konstruierte er neue astronomische Geräte, die zusammen mit 119 weiteren naturwissenschaftlichen Instrumenten in seinem »Liber organicus« (1668) abgebildet sind. Er schuf sechs verschiedene astronomische Instrumente aus Bronze und baute 132 Kanonen, die den chinesischen weit überlegen waren.

Ferdinand Verbiest SJ.
Kupferstich

1669 wurde Verbiest die Leitung und Erneuerung des Landesobservatoriums in Peking übertragen. Er wurde Präsident des Tribunals der Mathematiker und Ehrenmandarin I. Grades der II. Ordnung. Durch seine Erfolge in Astronomie und Mathematik, durch seinen Unterricht in diesen Fächern und durch seinen Einfluss am kaiserlichen Hof konnte sich die Kirche und die Mission wieder gut entwickeln. 1678 wurde Verbiest Oberer der Chinamission.

Verbiest starb am 28. Januar 1688. Der chinesische Kaiser bereitete ihm ein festliches Begräbnis und gestattete vier Jahre später den Christen durch ein Edikt die freie Ausübung ihrer Religion, obwohl er selbst sich nicht taufen ließ.

Ignaz Kögler

Ignaz Kögler, der nach Adam Schall von Bell gelehrteste und einflussreichste Jesuitenmissionar im Reich der Mitte, wurde am 11. Mai 1680 als Sohn eines Kürschners in Landsberg am Lech geboren, wo er auch das Jesuitengymnasium besuchte. Am 4. Oktober 1686 trat er in den Jesuitenorden ein. 1712 wurde er Professor für Mathematik und Hebräisch in Ingolstadt.

1716 wurde Kögler auf Grund seiner vielseitigen Begabung und seiner naturwissenschaftlichen Kenntnis von seinen

Ordensoberen in die Mission nach China entsandt, wo er 30 Jahre Vorsitzender des mathematischen Gelehrtenkollegiums in Peking war. Der Mandarin II. Klasse und seit 1731 auch Beisitzer im Tribunal der Riten gehörte zu den gelehrtesten Köpfen der östlichen Welt und konnte durch seinen Einfluss am Hof viel Unheil von der verfolgten Kirche abwenden. Der hochangesehene Gelehrte war Mitarbeiter an astronomischen Sammelwerken, hinterließ zahlreiche mathematische und astronomische Schriften in chinesischer und lateinischer Sprache und verbesserte die Instrumente der Pekinger Sternwarte. 1744 schuf er eine große Armillarsphäre zur Veranschaulichung der Himmelsbewegung auf dem Observatorium in Peking, die die Erkenntnisse westlicher Astronomie mit der chinesischen Tradition verbinden konnte. Kögler, der neben Adam Schall von Bell als der bedeutendste deutsche Chinamissionar gilt, starb am 29. März 1746 in Peking an den Folgen eines Schlaganfalls. Der chinesische Kaiser beteiligte sich an den Kosten für das ehrenvolle Begräbnis.

Bevor Kögler 1717 Peking erreichte, wurde er von einem Sohn des chinesischen Kaisers in Mathematik und Astronomie geprüft. Darauf hin nahm man Kögler in das Kaiserliche Astronomische Amt auf, dem der Würzburger Jesuit Kilian

Ignaz Kögler SJ. Gemälde eines unbekannten Meisters.

Stumpf (1655–1720) vorstand. – Stumpf war wegen seiner mathematischen und technischen Fähigkeiten vom chinesischen Kaiser persönlich 1695 nach Peking und 1711 zum Präsidenten des Astronomischen Amtes berufen worden. Stumpf leitete als Rektor das Kolleg in Peking und war von 1714–1718 als Visitator für die Mission der Jesuiten in Ostasien verantwortlich. – Als Stumpfs Nachfolger übernahm Kögler die wissenschaftliche Leitung der Pekinger Sternwarte und die Überwachung des chinesischen Kalenders, von dem der konfuzianische Staatskult und die Entscheidungen des Kaisers abhingen. Darüber hinaus musste er frühzeitig das Eintreten von Sonnen- und Mondfinsternissen ankündigen. Trotz schwerer Christenverfolgung wurde Kögler in diesem Amt bestätigt und als Mandarin II. Klasse zum Vizepräsidenten des Ritenministeriums ernannt, dem vor ihm noch kein Europäer angehört hatte.

Wissenschaft im Dienst der Glaubensverkündigung

Während das Christentum in China zunehmenden Verfolgungen ausgesetzt war, blieben die Missionare, die in kaiserlichen Diensten standen, unbehelligt oder wurden – wie in Köglers Fall – sogar gefördert. Prinzipiell entsprach das der letzten Konsequenz der jesuitischen Missionsmethode, Wissenschaft und Künste als Mittel zur Christianisierung des chinesischen Reiches zu benutzen, nur erfuhr diese Methode seit dem Beginn der Verfolgungen ihre Umkehrung durch die Chinesen: Das Mittel war zum Zweck geworden, und die Missionare zu seinen Wissenschaftlern und Künstlern.

Der Universalgelehrte Gottfried Wilhelm von Leibniz (1646–1716) hatte großes Interesse für China und führte deshalb – obwohl Protestant – einen regen Briefwechsel mit den Jesuiten, die dort als Missionare tätig waren. Um in Europa das »Neueste aus China« bekannt zu machen, veröffentlichte er Beiträge von Missionaren, die die Situation im Reich der Mitte beschrieben. Im Vorwort zur »Novissima Sinica« würdigt Leibniz die Leistungen von Matteo Ricci, Ferdinand Verbiest und Johann Adam Schall von Bell, die als Astronomen und Mathematiker nach Peking gelangten und die Wissenschaft in den Dienst der Glaubensverkündigung stellten.

Brasilien und Argentinien

José de Acosta

José de Acosta, Missionar und Geschichtsschreiber von Peru, wurde 1539 in Medina del Campo in Spanien geboren. Er stammte von Judenchristen ab und trat 1553 in die Gesellschaft Jesu ein. 1571 wurde er nach Peru geschickt, wo er als Theologieprofessor, Prediger und Missionar unter den Spaniern und Indianern wirkte. 1575–1581 war er der zweite Provinzial in Peru und Rektor des Kollegs in Lima. Als Berater des Erzbischofs nahm er am Dritten Konzil von Lima teil. Dort wurde die Erstellung eines Katechismus angeordnet, den er 1585 herausbrachte. 1587 wurde er zur Berichterstattung bei König Philipp II. und beim Ordensgeneral Claudius Aquaviva SJ zurückgerufen. Er verhandelte im Auftrag des Ordensgenerals mit dem König Fragen einer Visitation und Verfassungsänderung, sowie über die Stellung des Ordens zur spanischen Inquisition. 1591 wurde er Visitator der Provinz Andalusien und Aragon. 1592 kam es zu Schwierigkeiten mit dem Generaloberen. Nach seiner Aussöhnung wurde er Rektor des Kollegs in Salamanca, wo er am 15. Februar 1600 starb.

Acosta verfasste zahlreiche Schriften und natur- und kulturhistorische Werke über Lateinamerika, insbesondere über Peru. Wegen seiner Naturgeschichte Lateinamerikas (»Historia natural y moral de las Indias«) wird er der »Plinius der Neuen Welt« genannt. In diesem seinem grundlegenden Werk, das eine wichtige Geschichtsquelle für das spanische Amerika ist, hat Alexander von Humboldt die Ansätze für die Geophysik gewonnen. Seine geografischen Studien führten Acosta dazu, die Existenz des Kontinents Australien zu behaupten, der damals noch nicht bekannt war. Seine medizinischen Studien über den Flug des Menschen haben den spanische Jesuiten zum Begründer der Luftfahrtmedizin und Pionier der Raumfahrt gemacht.

Buenaventura Suárez

Buenaventura Suaréz wurde am 3. Oktober 1678 in Santa Fé in Argentinien geboren und trat nach dem Besuch des Jesuitenkollegs in seiner Heimatstadt 1695 in die Gesellschaft Jesu ein. An der Universität in Cordoba studierte er Philosophie und Naturwissenschaften und wurde 1704 zum Priester geweiht. Er lebte und arbeitete einige Jahre in der Reduktion Cosmas und Damian bei den Guaraní-Indianern im heutigen Argentinien. Neben seiner missionarischen Tätigkeit beschäftigte er sich intensiv mit Mathematik und Astronomie. Er war Autodidakt. Mit einfachen, selbstgebauten Instrumenten – wie einem Pendel, das Sekunden und Minuten anzeigte, oder einem Teleskop –, dem Wissen und der Überlieferung der Guaraní, stellte er seine Beobachtungen und Berechnungen an, die später auch in den kulturellen Zentren Europas Anerkennung fanden.

Suaréz stand in einem ständigen Erfahrungsaustausch mit den großen Mathematikern und Astronomen seiner Zeit wie Nikolaus de L'Isle in St. Petersburg, Ignaz Kögler SJ in Peking, Nikolaus Gtammatic in Madrid und der Astronomischen Gesellschaft in Upsala (Schweden).

Nach einem Beobachtungszeitraum von 33 Jahren entstand sein größtes Werk, der »Mondkalender von einem Jahrhundert«, in dem er die genauen Berechnungen der Bahn von Mond und Sonne und deren Finsternis von Januar 1740 bis Ende Dezember 1841 verzeichnete. Er verglich seine Beobachtungen von 1703–1739 mit den astronomischen Tabellen von Philip de la Hire, die dieser 1702 in Paris veröffentlicht hatte. Seine Beobachtungen und Berechnungen, auch des Jupiters und seiner vier Satelliten, bezogen sich auf den Längen- und Breitengrad der Reduktion Cosmas und Damian. Das Werk erschien 1744 erstmals im Druck und konnte bis 1856 fünf Auflagen verzeichnen.

Im Juli 1745 erhielt Suaréz aus Europa neue Instrumente, mit denen er ein neues Observatorium einrichtete, dem er bis zu seinem Tod am 24. August 1750 in der Reduktion Santa Maria la Mayor (heute Provinz de Missiones, Argentinien) vorstand und das seinen Namen trägt.

Arizona

Die großen Entdeckungsreisen in der ersten Hälfte des 16. Jahrhunderts rückten den neu entdeckten amerikanischen Kontinent mit seinen sagenhaften Schätzen in den Mittelpunkt des Interesses der europäischen Fürsten- und Königshäuser in Spanien, Portugal, Frankreich und England. Mit den Entdeckern und Eroberern kamen bald auch Missionare in die Neue Welt.

Eusebio Kino

Der am 10. August 1645 in Südtirol geborene Eusebio Kino besuchte die Jesuitenkollegien in Trient und anschließend in Hall in Tirol. Dort erkrankte er schwer und gelobte, dass er, wenn er wieder gesund würde, gleichsam wie Franz Xaver in die Mission gehen werde. Nach seiner Genesung trat er 1665 in die Gesellschaft Jesu ein. Von seinen Oberen wurde er allerdings nicht für China bestimmt, sondern 1678 für die Indianermission in Nordmexiko (heute Vera Cruz, Mexiko). 1681 kam er in Pimeria Alta an, dem Land der Pima-Indianer, im heutigen Gebiet Sonora, Arizona und Niederkalifornien, wo er 30 Jahre als Missionar, Forscher, Bauer, Viehzüchter, Baumeister, Mathematiker, Astronom und Kartograph verbrachte. Er war einer der ersten Europäer, der durch dieses Gebiet ritt, das damals nichts anderes als ein großer weißer Fleck auf der Landkarte war. Ein Großteil seines Missionsgebietes liegt heute noch in den USA.

Kino erforschte in 50 Vorstößen die Stromgebiete des Colorado und des Gila und bewies, dass Niederkalifornien keine Insel, sondern eine Halbinsel ist. Er zeichnete 1701 eine Karte von Niederkalifornien und Pimeria Alta und machte astronomische Beobachtungen. Er lehrte den Indianern neue Anbaumethoden und verfasste ein Wörterbuch in einer der Hauptsprachen der Indianer. Man rühmte seine Unternehmungslust und Klugheit, seinen Eifer, seine Bedürfnislosigkeit und seine Heiterkeit. Da er ständig zu Pferd unterwegs war, nannte man ihn nur den »reitenden Padre«. Die bekehrten Indianer verehrten den kühnen Reiter und sorgten für seinen Schutz. Kino gründete viele Missionsstationen, zuletzt in Magdalena (heute

Magdalena de Kino, Mexiko), wo er am 15. März 1711 in einem Nebenraum der Franz Xaver-Kapelle plötzlich verstarb.

Der Astronom

Eusebio Kino war der erste moderne Astronom in der Wüste Arizonas. Er hatte sich der Astronomie und Kartographie gewidmet in der Hoffnung, sich durch dieses Fachwissen Zugang zu China zu verschaffen. Aber auch als sein Missionsgebiet nun nicht der Ferne Osten, sondern die Neue Welt wurde, machte sich dieses Wissen bezahlt: Er finanzierte seine Überfahrt durch den Verkauf selbstgebauter astronomischer Geräte. Da er aber noch drei Jahre im spanischen Cadiz auf ein geeignetes Schiff warten musste, verbrachte Kino die Zeit mit seiner geliebten Astronomie und berechnete präzise die Entfernung des großen Kometen, der 1680 die Welt beunruhigte. Und er stellte sich die Frage: *Zwar liegt alles in den Händen Gottes, aber ich glaube, dass ein so großer Komet schreckliche Dinge ankündigt: Erdbeben, Dürre, Hunger mit zahlreichen Toten.*

1681 endlich in der Neuen Welt angekommen, führte Kino seine astronomischen Studien fort. Wie er erhofft hatte, waren

Eusebio Kino SJ. Porträtskizze von Frances O'Brien, 1964.

naturwissenschaftliche Kenntnisse auch in seiner neuen Heimat gefragt. Und er machte sich durch ein Werk über Astronomie einen Namen: »Exposicion Astronomica De El Cometa«. Die von Kino gefertigten Teleskope wurden weithin für die Erforschung des Sternenhimmels genutzt. Er fertigte auch Astrolabien zur astronomischen Berechnung der Gestirne an. Sowohl die Teleskope als auch die Astrolabien dienten ihm zur Herstellung seiner Landkarten. Kino, der bald zu den großen Kartographen zählte, wurde in Mexiko zum königlichen Kartographen ernannt. In seiner Funktion als Kartograph begleitete er die spanischen Expeditionen in unbekannte Gebiete und hoffte, dort das Evangelium verkünden zu können.

Kino war einer der ersten europäischen Astronomen, welche die sternenklare Wüste Arizonas für seine Beobachtungen nutzten. 300 Jahre später, am 18. August 1993, haben die Jesuiten am Ort seines Wirkens, genau genommen auf dem Mount Graham, einem 2.700 Meter hohen Berg der Indianer in Arizona, 150 Kilometer westlich der Universitätsstadt Tuscon die neue Vatikanische Sternwarte eingeweiht. Es wird alles untersucht, was zum Verständnis der Ursprünge unseres Sonnensystems dient. So zählen das Licht, die Entstehung und Entwicklung von Galaxien oder die Asteroiden zu den Forschungsgebieten. Jeder arbeitet als Experte auf seinem Gebiet und kooperiert zugleich mit anderen Forschern auf der ganzen Welt.

17. Jahrhundert bis heute

Weitere Astronomen aus der Reihe der Jesuiten

Neben den bisher erwähnten Naturwissenschaftlern, die sich intensiv mit der Astronomie beschäftigt haben, gäbe es noch viele aus den Reihen des Jesuitenordens zu nennen. Hier eine Auswahl derer, die sich mit Sonne, Mond und Sternen beschäftigten, vom 17. bis zum 19. Jahrhundert:

Der Südtiroler ***Adam Aigeler*** (1633/35–1673), der bei der Pflege von Pestkranken an Bord des Schiffes starb, das ihn in die Mission nach China hätte bringen sollen, hat 1668 seine »Tabula geographico-horologia universalis« veröffentlicht. In dieser Aufgabensammlung behandelt er Probleme der Astronomie, der Geographie und der Zeitbestimmung. Er erklärt die Bestimmung der Konstellation der Gestirne und die Berechnung von Sonnen- und Mondfinsternissen. Er gibt die Anleitung zum Zeichnen einer Landkarte. Er bestimmt anhand astronomischer Beobachtungen die Uhrzeit. Zur Lösung seiner Aufgaben benutzt er eine Tabelle, in der Giovanni Battista Riccioli SJ die geographischen Längen und Breiten von über 2.000 Orten der Erde festgehalten hat. Bei diesen Angaben verläuft der Nullmeridian allerdings nicht durch das englische Greenwich, sondern durch Hierro, die westlichste der Kanaren.

Francesco Lana-Terzi (1631–1687) aus Brescia war Mathematiker und Naturforscher. Am 11. November 1647 trat er in Rom in die Gesellschaft Jesu ein, wo er auch seine Studien absolvierte. Er lehrte kurze Zeit humanistische Fächer in Terni, dann sechs Jahre Physik und Mathematik in Ferrara. Zuletzt lebte er als Schriftsteller und Beichtvater in Brescia. Er hinterließ ein wissenschaftlich anerkanntes Werk über naturwissenschaftliche Fragen, gegründet auf mathematische Unterlagen und genaue Experimente. Er erfand eine Sämaschine, einen Fernsprecher, verbesserte Fernrohre und Mikroskope.

In seinem 1670 erschienenen Buch »Prodromo«, das sich heute im Besitz der Luft- und Raumfahrtbehörde der USA befindet, legt er zum ersten Mal einen wissenschaftlich begründeten, bis ins Kleinste durchdachten Plan eines Luftschiffes vor, das mit Hilfe von zwei Segeln – aus dem leichtmöglichsten Material (Glas oder Holz) gebaut und mit den leichtesten Gasen gefüllt – zum Steigen gebracht werden könnte. Damit legte er den Grundgedanken der Luftschifffahrt dar, die auch heute noch in der Luft- und Raumfahrt anerkannt sind.

50 Jahre später beschäftigte sich ***Bartholomeu Lourenco de Gusmâo*** (1685–1724) in Brasilien ebenfalls mit der Konstruktion eines fliegenden Schiffes. Am 8. August 1709 führte er in Lissabon in Anwesenheit von König Johann V. den ersten Flugversuch vom Turm des Schlosses durch. Der Ballon »La Passarola« (»Der Sperling«), der mit Heißluft gefüllt war, trieb jedoch auf ein Dach und fing Feuer. Trotzdem wurde de Gusmâo, der mit 15 Jahren in den Jesuitenorden eingetreten war, diesen aber bereits 1701 wieder verlassen hatte, durch seine weiteren Versuche zum Vorläufer der Ballonfahrt, die 50 Jahre später den Brüdern Montgolfière gelang.

Ferdinand Augustin Haller von Hallerstein (1703–1774) aus Laibach trat nach der Schule am 28. Oktober 1721 in Wien in die Gesellschaft Jesu ein. 1735 wurde er nach China entsandt. Unterwegs vervollkommnete er in Lissabon seine Kenntnisse in Astronomie und erreichte das Land der Mitte 1735, wo er bald die chinesische Sprache erlernt hatte. Wegen seiner ausgezeichneten Chinesischkenntnisse und seinem Ruf als großer Mathematiker wurde er an den Kaiserhof berufen, wo er die Würde eines Mandarins II. Klasse erhielt. Seit 1739 war er Mitglied, seit 1743 Beisitzer und seit 1746 Vorsitzender des Astronomisch-Mathematischen Rates in Peking.

Hallerstein hat zahlreiche astronomische Schriften, kartographische und geographische Arbeiten hinterlassen. Er veröffentlichte als Erster Aufstellungen über die Bevölkerungszahl und Geburtenhäufigkeit in China, beschrieb die Landschaft, Fauna und Flora sowie die Gebräuche und Sitten des Landes. Er beobachtete und beschrieb Polarlichter, Kometen, Finsternis, Planeten- und Satellitenbewegungen und organisierte astronomische Messungen in den verschiedenen Teilen Chinas.

Hallerstein, der zweimal Provinzial der chinesischen Ordensprovinz war, stand mit den gelehrten Gesellschaften in ganz Europa in Verbindung. Von dort bestellte er neue Instrumente, um auf dem Stand des wissenschaftlichen Fortschritts zu bleiben. Für seine astronomischen Studien hat er ein verbessertes Mikrometer entwickelt. Seine astronomischen Erkenntnisse sind in dem Werk »Observationes astronomicae« gesammelt.

Roger Joseph Boscovich (1711–1787) aus Ragusa (damals Dalmatien, heute Dubrovnik, Kroatien) besuchte das Jesuitengymnasium in seiner Heimatstadt und trat am 13. Oktober 1725 in die Gesellschaft Jesu ein, studierte am Römischen Kolleg Theologie und Mathematik und durfte noch vor Beendigung seiner theologischen Ausbildung seinen Lehrer als Professor der Mathematik vertreten. In Rom betrieb er die Gründung einer Sternwarte am Römischen Kolleg und war technischer Berater von Papst Benedikt XIV. – 1743 war sein Urteil über die Tragfähigkeit der Kuppel der Peterskirche, die Risse aufwies, für deren Erhaltung maßgebend. Boscovich entwarf die erste genaue Karte des Kirchenstaates. Seine mathematischen und physikalischen Studien vertiefte er durch philosophische Gedanken über das Wesen der Körperwelt. Die darüber geschriebenen Abhandlungen veröffentlichte er 1758 zu Wien in einer Kosmologie. Damit wurde er zum Begründer der physikalischen Atomistik, der Wissenschaft von den Atomen.

1764 kam Boscovich nach Pavia. Nach Aufhebung des Ordens 1773 ging er nach Paris, wo ihm Ludwig XIV. die Leitung der Optischen Abteilung des Marineamtes übertrug. Er beschäftigte sich mit der Herstellung achromatischer Fernrohre und trat dem freigeistigen Mathematiker und Philosophen Jean Baptiste le Rond d'Alembert scharf entgegen. Wegen der Gehässigkeit der französischen Philosophen ging er 1783 nach Mailand, wo ihm Kaiser Joseph II. die kartographischen Arbeiten für die Lombardei übertrug. Boscovich bemühte sich um die Errichtung einer Sternwarte in Mailand.

Boscovich war Mitglied der Akademien von Bologna, Paris und London, unternahm Reisen nach England, Polen und in die Türkei. Als Dichter hinterließ er mehrere Festgedichte in lateinischer Sprache, darunter auch zu Ehren der Kaiserin Maria Theresia. Das Kernforschungszentrum in Zagreb trägt seinen Namen.

Maximilian Hell (1720–1792) aus Schemnitz (damals Nord-Ungarn, heute Banská tiavnica, Slowakei) besuchte die Schule in seiner Heimatstadt und trat am 18. Oktober 1738 in die Gesellschaft Jesu ein. Er studierte in Wien Philosophie, Mathematik und Physik. Bereits im Alter von 25 Jahren war er an der Wiener Universität als Professor für Astronomie tätig. Nach seiner Priesterweihe 1751 kam er an das Jesuitenkolleg in Tyrnau (Nord-Ungarn, heute Trnava, Slowakei), wo er die Sternwarte einrichtete. 1752–1755 leitete er den Bau des Kollegs und einer Sternwarte in Klausenburg (Siebenbürgen, heute Cluj, Rumänien) und Erlau (Eger, Nordost-Ungarn). 1755 übernahm er als Astronom die neu gegründete Sternwarte der Universität Wien.

Im Auftrag des Königs von Dänemark unternahm er eine Expedition in die Antarktis, wo er in Lappland zu seiner Berühmtheit gelangte: Dort konnte er ein Vorbeigehen der Venus vor der Sonne als Erster in der Welt wissenschaftlich beobachten. Auf dieser Reise entdeckte er auch die Verwandtschaft zwischen der finnischen und der ungarischen Sprache und machte sich um die Sprachforschung verdient.

Neben zahlreichen Veröffentlichungen wie den »Beiträgen zur praktischen Astronomie« gab er ab 1757 die »Astronomischen Jahresberichte« (37 Bände) heraus. Dazu kamen noch seine Arbeiten über den Magnetismus, wobei er mit Franz Mesmer (1734–1815), dem Gründer des Magnetismus, in Konflikt geriet. Beide sahen im Magnetismus eine Behandlungsmethode und stritten um die Prioritätsrechte. Einige weitere Beiträge erregten Kritik, seine Berechnungen wurden angezweifelt. Diese Vorwürfe wurden von dem Amerikaner Simon Newcomb widerlegt.

Hell hatte Kontakt mit allen wissenschaftlichen Instituten und war Mitglied der Akademien in Kopenhagen, Göttingen, Stockholm, Trondheim und Bologna. Eine Gedenktafel an ihn trägt die Inschrift: *Als Astronom in ganz Europa bekannt durch die Denkmäler seines erfindungsreichen Geistes, jedoch ehrenvoller bei Gott durch die Heiligkeit seines Wandels.*

Angelo Secchi (1818–1878) aus Reggio wird als der hervorragendste und berühmteste jesuitische Himmelsforscher des 19. Jahrhunderts angesehen. Wegen seiner Studien über die

Topographie des Mondes und dessen Ringgebirge und wegen der von ihm ersonnenen neuen Methoden zur spektrographischen Untersuchung der Fixsterne gilt er als einer der Begründer der modernen Astronomie.

Secchi besuchte das Jesuitengymnasium in seiner Heimatstadt und trat am 3. November 1833 in Rom in die Gesellschaft Jesu ein. Am Römischen Kolleg studierte er Philosophie. 1839–1841 gab er dort und im Kolleg der Adeligen Mathematikunterricht. Nach dreijähriger Lehrtätigkeit in Loreto vollendete er seine theologischen Studien in Rom und wurde am 12. September 1847 zum Priester geweiht. Durch die Revolution vertrieben, reiste Secchi 1848 nach England zum Studium im Kolleg zu Stonyhurst, und im Oktober 1848 an das Universitätskolleg Georgetown in Washington. Dort war er Lehrer der Physik und Leiter der Sternwarte. Nach Rom zurückgekehrt, übernahm er 1850 die Leitung der Sternwarte am Römischen Kolleg, die er 1852 durch Benützung des Turms der Kirche Sant' Ignazio zu Beobachtungen besser ausbaute.

Secchis Bedeutung liegt auf den Gebieten der Sternkunde, der Wetterkunde und der Physik. Seine meteorologischen, mathematischen und spektralanalytischen Studien der Sonne und der Fixsterne, seine Beobachtungen der Sonnenfinsternis 1860 in Spanien, seine Erfindungen und Verbesserungen astronomischer Instrumente verschafften ihm Weltruhm. Auf der Pariser Weltausstellung 1867 bekam er für seinen Meteorographen den ersten Preis und das Kreuz der Ehrenlegion.

Secchi setzte als einer der Ersten die Fotografie für astronomische Zwecke ein. Seine ersten Aufnahmen waren die verschiedenen Phasen der Sonnenfinsternis im Jahr 1851. Von 1864–1868 untersuchte er über 4.000 Sternspektren und schuf 1867 die erste Spektralklassifikation der Sterne.

Secchi beschrieb die Spikulen der Sonnenatmosphäre und veröffentlichte 1870 in seinem klassischen Werk »Die Sonne« seine Forschungsergebnisse, aus denen hervorgeht, dass die Sonne ein Stern wie Milliarden anderer Sterne unserer Milchstraße ist.

1870 wurde die Sternwarte vom italienischen Staat beschlagnahmt. Die italienische Regierung wagte nicht, den Gelehrten trotz seiner Zugehörigkeit zum Jesuitenorden aus seiner Sternwarte zu verdrängen.

Ricardo Cirera Salse (1864–1932) aus Spanien trat am 30. Juli 1880 in Zaragoza in die Gesellschaft Jesu ein. Nach den philosophischen Studien ging er 1888 nach Manila auf den Philippinen, wo er sechs Jahre der Magnetik-Sektion des Observatoriums vorstand, das unter dem Jesuiten Faura y Prat zu Weltruhm gelangt war. 1893 erstellte Cirera die erste Karte, die die Magnetfelder der Philippinen sowie der angrenzenden Meere bis zu den Küsten von Japan, China und Vietnam verzeichnete. Er beobachtete die Sonnenaktivitäten und ihre Einflüsse auf die geophysikalischen Phänomene der Erde und publizierte die Ergebnisse 1893 in dem Buch »El Magnetismo terrestre en Filipinas«, das im selben Jahr auf dem Metereologischen Kongress in Chicago vorgestellt wurde.

1894 kehrte Cirera nach Spanien zurück, absolvierte seine theologischen Studien und wurde zum Priester geweiht. Nach seinem Tertiat in Manresa erhielt er vom Provinzial der Provinz Aragon den Auftrag, in unmittelbarer Nähe zur philosophischen Fakultät der Jesuiten in Tortosa ein Observatorium mit angeschlossenen Instituten für Biologie und Chemie zu gründen. In den Jahren 1900–1904 vervollständigte er in den führenden Zentren Europas, nämlich in Paris, im Observatorium in Stonehurst und in Löwen, seine Studien der Physik. Im Laufe der Besuche der führenden Observatorien Europas konkretisierte Cirera seine Pläne für das »Observatorium del Ebro« in Roqueta bei Tortosa, das er schließlich Ende des Jahres 1904 eröffnen könnte. Als Direktor des Observatoriums richtete er den Schwerpunkt der wissenschaftlichen Forschungen auf die vergleichende Beobachtung der physikalischen Vorgänge auf der Sonne und der Erde sowie auf die damit verbundenen kosmischen Strahlungen. Am 30. August 1905 traten die wissenschaftlichen Leistungen des Instituts anlässlich der totalen Sonnenfinsternis erstmals an die Öffentlichkeit. Zudem begann man mit der Aufzeichnung seismischer und ionosphärischer Daten, die als die umfangreichsten von Spanien gelten.

1913 begründete Cirera die populärwissenschaftliche Zeitschrift »Ibérica«, die er bis 1917 leitete. 1919 zwangen ihn gesundheitliche Gründe zur Aufgabe seiner intensiven wissenschaftlichen Tätigkeit. 1921 wurde er wegen seines organisatorischen Talents zum Prokurator der Mission in Bombay bestellt. 1925 bereitete er die Teilnahme des Jesuitenordens an der großen vatikanischen Missionsausstellung im Heiligen Jahr vor.

Seine letzten Lebensjahre verbrachte Cirera in Madrid als Vorsitzender der »Assoziation S. Raphael«, einer Vereinigung zum Schutz der Emigranten, sowie bereits stark geschwächt in Barcelona, wo er am 3. August 1932 starb.

Cirera gehörte im Lauf seines Lebens 21 wissenschaftlichen Akademien an und erwarb sich den außerordentlichen Ruf als Wissenschaftler, ferner als Organisator und unermüdlicher Arbeiter.

Pierre Teilhard de Chardin

Spricht man von Jesuiten und Naturwissenschaften, so darf man den wohl berühmtesten Naturwissenschaftler-Jesuiten des 20. Jahrhunderts nicht vergessen: Pierre Teilhard de Chardin. Dieser, am 1. Mai 1881 in der Nähe von Clermont-Ferrand in Frankreich geboren, hatte von früher Kindheit an großes Interesse an der Geologie. Nach seinem Eintritt in die Gesellschaft Jesu am 20. März 1899 studierte er Geologie, Physik und Chemie. Am Jesuitenkolleg in Kairo lehrte er von 1905–1908 Physik und Chemie und unternahm geologische Exkursionen. Er kam dabei zu der Erkenntnis, dass der Kosmos sich in einem Prozess der schöpferischen Evolution befände, eine Idee, die ihn Zeit seines Lebens nicht mehr losließ. Von 1908–1912 studierte er Theologie in England und wurde 1911 zum Priester geweiht. Danach schloss sich ein paläontologisches Studium in Paris an. 1922 erhielt er eine Professur für Geologie am Institut Catholique in Paris. Er arbeitete hauptsächlich als Geologe und Paläontologe und nahm an vielen Forschungsreisen teil, die ihn nach Burma, Äthiopien, Indien, Java und China führten.

Nach seinen paläontologischen Forschungen in China nach Paris zurückgekehrt, kam es zu Schwierigkeiten mit Rom, und Teilhard musste jede öffentliche Lehrtätigkeit aufgeben.

Teilhard war ein Prophet, und ein solcher hat bekanntlich selten einen leichten Weg. Die Kirche vor dem Zweiten Vatikanum konnte sich nicht mit dem Gedanken anfreunden, das optimistische Evolutionsdenken – der Mensch als Spitze der Evolution – als eine Erforschung des Geheimnisses des christlichen Glaubens zu sehen. Die Evolutionstheorie wurde, wie Papst Pius XII. es 1946 ausdrücklich bemerkte, als eine Bedrohung für die Unveränderlichkeit der katholischen Lehre angesehen. Und Teilhard wurde ins Exil geschickt, zuerst 23 Jahre nach China, wo er an der Entdeckung des Peking-Menschen (»Sinanthropus pekinensis«) Anteil hatte, und später nach New York, wo er am 10. April 1955 starb.

Teilhard findet eine erste großangelegte Synthese in der *Tatsache der Evolution*, das heißt dem stammesgeschichtlichen Zusammenhang aller Dinge, besonders der Lebewesen, in einem Universum, das als kosmische Einheit begriffen und erlebt wird. Der *kosmische Sinn*, der uns spüren lässt, wie sehr unsere ganze menschliche Existenz mit den kosmischen Bedingungen wie Erde, Luft, Licht, Sonnenenergie und pflanzliche Assimilation in unaufhörlicher Weise verbunden ist, war

Pierre Teilhard de Chardin SJ.

wohl das Grunderlebnis Teilhards, noch bevor er die umfassende Bedeutung des Evolutionsgedankens erfasste. Die Idee der Evolution ist für ihn nichts Anderes als der Ausdruck und die Wahrnehmung *dieser grundlegenden dynamischen Einheit*, in der *nichts, absolut nichts in unser Leben und unser Gesichtsfeld eintreten kann als auf dem Weg der Geburt.* Teilhard spricht deshalb von der *Allverbundenheit* der kosmischen Dinge unter den Menschen: *Unter dem erfahrungsmäßigen oder phänomenalen Gesichtspunkt kann niemand mehr daran zweifeln, dass das Universum ein umfassendes raumzeitliches System korpuskulärer Natur darstellt, dem wir unmöglich mit unseren Sinnen (nicht einmal in Gedanken) nach hinten, nach außen oder nach vorn entrinnen können. In dieser Sicht erscheint und besteht innerhalb der Welt alles in Funktion des Ganzen. Das ist der allgemeinste, tiefste und unanfechtbarste Sinn der Evolution.*

Durch die Evolution ist das Universum mit dem Menschen dem unabänderlichen und nicht umkehrbaren Zeitfluss unterworfen. Vergangenheit – Gegenwart – Zukunft. Dadurch aber alle evolutive Wirklichkeit *nach vorn* gerichtet; ja sogar der Schöpfergott rückt in Teilhards Weltschau *nach vorne*, der *Dieu en avant*, der *Gott im ewigen Voraus.* Als Herr der Zukunft wird er der letzte Zielpunkt aller sich entfaltenden Wirklichkeit, der *Punkt Omega.* – In dieser allgemeinsten Form ist die Evolution weder Theorie noch Hypothese, sondern eine grundlegende Dimension des Kosmos. Deshalb betont Teilhard immer wieder, dass man diese grundlegende Sicht der Evolution (das *Dass* der Evolution) nicht vermengen darf mit Hypothesen über Stammbäume (das *Wie* der Evolution) oder Ursachenfragen (das *Wodurch* der Evolution) oder sogar philosophischen (materialistischen oder spiritualistischen) Deutungen. Nur wenn man die Evolution als den raumzeitlichen Allzusammenhang der geschöpflichen Dinge begreift, kann man mit Teilhard sagen: *Ich glaube, dass das Universum eine Evolution ist.*

Was der kosmischen Evolution ein ungeheures Gewicht verleiht, ist die Erscheinung des Menschen an der Spitze dieses großen raumzeitlichen Prozesses. Denn darüber kann kein Zweifel sein, und Teilhard wird nicht müde, dies immer wieder hervorzuheben: Der Mensch ist das letzte große Ereignis der Evolution. Diese Feststellung ist deshalb wichtig, weil im

Menschen zum ersten Mal *die Zentralerscheinung des Ichbewusstseins* auftaucht, die für Teilhard die Grundlage der menschlichen Freiheit, Selbstverantwortung und Personalität ist. Teilhard beschreibt in seinem Hauptwerk »Der Mensch im Kosmos« (»Le Phénomène Humain«, 1955) diesen entscheidenden Schritt zum Ichbewusstsein:

Vom Standpunkt der Erfahrung – dem unseren – ist das Ichbewusstsein, seinem Wortsinn entsprechend, die von einem Bewusstsein erworbene Fähigkeit, sich auf sich selbst zurückzubeziehen und von sich selbst Besitz zu nehmen, wie von einem Objekt, das eigenen Bestand und Wert hat: nicht mehr nur kennen, sondern sich kennen; nicht mehr nur wissen, sondern wissen, dass man weiß. Durch diese Individualisierung seiner selbst auf dem Grund von sich selbst findet sich das lebende Element, das sich bisher in einem weitläufigen Kreis von Wahrnehmungen und Tätigkeiten zerstreute und verteilte, zum ersten Mal als punktförmiges Zentrum, in dem sich alle Vorstellungen und Erfahrungen verknoten und in einer bewussten Gesamtorganisation festigen.

Teilhards Werke spiegeln sein Bemühen um eine Synthese von christlicher Schöpfungslehre und naturwissenschaftlicher Evolutionstheorie wider. Viele seiner naturwissenschaftlichen Theorien und seine Theologie sind umstritten. Außer seinen streng wissenschaftlichen Werken war ihm Zeit seines Lebens jegliche Publikation verboten. Er selbst litt unter diesen Spannungen, blieb aber bis zu seinem Tod seinem Orden treu.

Teilhard und Galilei

Der französische Jesuit François Russo (1909–1998) hat folgende Parallele zwischen Teilhard und Galilei gezogen: *Wie können wir nicht die beiden großen Gestalten Teilhard und Galilei vergleichen!? Zweifellos sind die beiden in Vielem verschieden. Aber beide traten in einer kritischen Zeit auf, in der eine größere Umgestaltung der Naturwissenschaften den Glauben zu verletzen schien. Beide bestanden darauf, dass sie untrennbar mit ihrem Glauben und mit der Kirche verbunden waren, beide aber mussten auch darum kämpfen, dass christliches Denken empfänglich wurde für diese neue Weltsicht. Sie waren überzeugt, dass die Kirche daraus großen Nutzen zie-*

hen konnte und dass sie eine providentielle Möglichkeit hatte, sich selbst zu reinigen, authentischer zu werden. Und beide waren in ihrem ganzen Leben der Ablehnung ihrer Gedanken durch das Lehramt ausgesetzt … Erst lange nach ihrem Tod anerkannte das Lehramt, dass sie im Recht waren in vielen der Punkte, um die sie gestritten hatten.

Zwischen Galilei und Teilhard de Chardin gibt es trotz Gegensätzen eine seltsame Ähnlichkeit. Eines ist sicher, und das trifft auch auf Christoph Scheiner und seine naturwissenschaftlichen Zeit- und Ordensgenossen zu: In einem kritischen Augenblick, in dem eine gewaltige naturwissenschaftliche Umwälzung den Glauben zu verletzen schien, steckten sie ihre eigenen Erkenntnisse zurück und verhielten sich loyal gegenüber der Kirche und deren Lehrmeinung.

Die Pekinger Sternwarte

China hat eine lange Tradition in der Beobachtung des Himmels. Ein Höhepunkt wurde mit dem Bau der Sternwarte in der Ming-Dynastie in den Jahren 1437–1446 in Peking erreicht. Ihre ursprüngliche Zielsetzung bestand darin, den damaligen Kalender zu präzisieren

1601 kamen die Jesuiten unter der Führung von Matteo Ricci nach Peking. Sie verblüfften den Kaiser und seine Gelehrten durch ihre exakt eintretenden astronomischen Voraussagen wie etwa zu Sonnenfinsternissen. Der belgische Missionar Verbiest, Nachfolger von Schall von Bell, wurde beauftragt, ein Observatorium zu entwerfen. Die Jesuiten leiteten dieses in der Folge bis zum Beginn des 19. Jahrhunderts.

Die eindrucksvollen, großen astronomischen Instrumente, die auf einer etwa zehn Meter hohen Steinplattform stehen, faszinieren noch heute. Die ausgestellten Geräte aus dem Jahr 1673 sind: ein Himmelsglobus, ein Tycho-Brahe-Sextant, ein Azimut-Theodolit, ein Altazimut, ein Quadrant und eine Armillarsphäre. Dazu kommt noch eine neue Armillarsphäre von 1733. – Diese Instrumente waren nach der Niederschlagung des Boxeraufstandes 1900 vom deutschen General Graf Waldersee konfisziert und nach Berlin gebracht worden. Nach der Niederlage im Ersten Weltkrieg wurden sie 1919 wieder nach Peking zurück transportiert.

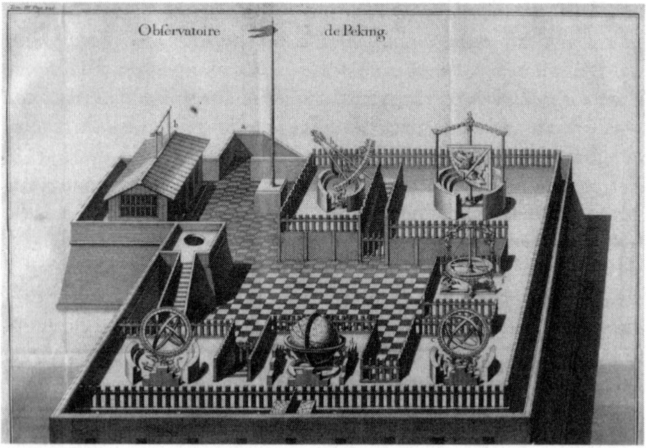

Die Sternwarte der Jesuiten im kaiserlichen Palast in Peking mit den von Ferdinand Verbiest SJ konstruierten Instrumenten, 1735.

In einem Wohnviertel im Nordwesten der 17-Millionen-Stadt Peking, den früheren »Palisaden des Herzogs von Teng«, befinden sich hinter dem Gebäude der Stadtparteischule in einer grasüberwachsenen, von alten Bäumen überschatteten und mit einer Mauer umgebenen Grünanlage, als Ensemble zusammengestellt, die Gräber europäischer Missionare, Astronomen, Wissenschaftler und Künstler, die im 16. und 17. Jahrhundert nach China gekommen waren, um ihre Lehre zu verbreiten. Hier ruhen auch Matteo Ricci, Adam Schall von Bell und Ferdinand Verbiest.

Die Vatikanische Sternwarte

Bis heute sind die Jesuiten noch entscheidend in der Astronomie tätig. Sie führen ihre Arbeit seit dem vergangenen Jahrhundert hauptsächlich am Vatikanischen Observatorium in Rom durch, das Papst Leo XIII. 1891 errichtet hatte. Zu Beginn war das Observatorium eingebunden in das internationale Projekt der Erstellung einer Himmelskarte. Danach spezialisierte sich die Vatikanische Sternwarte vor allem auf die

Erforschung von Doppelsternen und veränderlichen Sternen, galaktische Strukturen, Photomessung von Sternen, Emissionslinien von Galaxien und theoretische Kosmologie. Im Jahr 1935 ließ Papst Pius XII. die Sternwarte von der Vatikanstadt in die päpstliche Sommerresidenz Castel Gandolfo verlegen, da hier bessere Sichtverhältnisse für die Himmelsbeobachtung gegeben waren. 1938 fand die feierliche Eröffnung statt unter dem Losungswort: *Deum Creatorem, venite adoremus!* 1981 schließlich wurde eine Forschungsgruppe im Zentrum der Weltastronomie in Tuscon in Arizona ins Leben gerufen. Auf diese Weise hat die päpstliche Sternwarte einen der Spitzenplätze in der modernen Astronomie behalten.

Die Arbeit der Jesuiten in der Astronomie im 20. Jahrhundert wurde hauptsächlich am Vatikanischen Observatorium in Rom durchgeführt, wo 1906 der Jesuit Johann Georg Hagen – nach dem Tod des ersten Direktors Francesco Denca, Priester und Barnabit – von Papst Leo XIII. als Direktor ernannt wurde. Die Verwaltung und Ausrüstung mit Personal am Observatorium blieb von da an für das gesamte 20. Jahrhundert in der Hand der Gesellschaft Jesu. Von Beginn an war die Sternwarte in ein ehrgeiziges internationales Projekt eingebunden, bei dem die genaue Position von Sternen über den ganzen Himmel fotografiert und gemessen wurde. Diese »Himmelskarte« wurde von Paris aus koordiniert und umfasste 18 Observatorien. Die Vatikanische Sternwarte veröffentlichte im ersten Jahrzehnt des 20. Jahrhunderts einen Katalog der Helligkeit und der Positionen von etwa 481.215 Sternen in dem ihr zugewiesenen Himmelsabschnitt. Mit der Zeit verlegte die Sternwarte den Schwerpunkt ihrer Forschung auf Doppelsterne und veränderliche Sterne, galaktische Strukturen, Polarimetrie, Photomessung von Sternen und Spektralklassifizierung, Emissionslinien von Galaxien und theoretische Kosmologie. Im Lauf der Jahrhunderte wurden die Instrumente immer weiter verbessert.

Von Anfang an hatte die Vatikanische Sternwarte eine klare apologetische Zielsetzung, wie es in der Gründungsurkunde von Papst Leo XIII. heißt: … *damit jeder sehen könne, dass die Kirche und ihre Hirten nicht wahrer und solider Wissenschaft, weder menschlicher noch göttlicher, abgeneigt sind.*

Gott in allen Dingen finden

Die Gesellschaft Jesu schaffte es, ein neues Schulwesen aufzubauen. Bis in die zweite Hälfte des 18. Jahrhunderts hinein versorgte sie in den katholischen Ländern die Gymnasien und Hochschulen zum größten Teil mit Lehrern für die verschiedenen Disziplinen. Neben der Theologie nahm die Astronomie eine bevorzugte Stellung ein, auch deshalb, weil man mit der Erforschung des Himmels das Volk aus dem Bann astrologischen Aberglaubens zu befreien hoffte. Manchem Jesuiten gelang es, bei seinem Forschen seiner Zeit voraus zu eilen. Grundsätzlich galt, dass jeder Jesuit jede Wissenschaft betreiben durfte. Man machte nie einen Unterschied zwischen »heiligen« und »profanen« Bereichen. Man ging von der Überzeugung aus, dass es mit Hilfe jeder Wissenschaft möglich ist, etwas über Gott auszusagen, und es auch gottgewollt ist, zum Fortschritt der Welt beizutragen.

Die jesuitische Tradition, in den Naturwissenschaften zu forschen, geht zurück bis in die Anfänge der Gesellschaft Jesu im 16. Jahrhundert. Für dieses Engagement gibt es verschiedene Gründe: Zum einen wurde von Beginn an die Forschung als Bestandteil jesuitischer Erziehung und Gelehrsamkeit betrachtet. Zum anderen ist es tief in der Spiritualität verwurzelt: *In den Exerzitien wird Gott als gegenwärtig in der ganzen Schöpfung angesehen, ist »Gott zu finden in allen Dingen«. Das Selbstverständnis des Jesuiten als »contemplativus in actione« verbindet eine Hochschätzung des Studiums mit der Heiligkeit weltlicher Arbeit. Diese Haltung lässt sich sehr gut in Einklang bringen mit naturwissenschaftlicher Gelehrsamkeit. Außerdem gibt es auch apostolische Gründe, um Zeugnis zu geben vom Leben aus dem Glauben in einem Bereich der Welt, der oft als atheistisch galt. Zudem sollte ein notwendiger und fruchtbarer Dialog gepflegt werden zwischen Theologie und Naturwissenschaften. Schließlich waren es Gründe der Nächstenliebe, die humanitäre Hilfe bringen sollten für die Menschen, was von Anfang an die naturwissenschaftliche Arbeit rechtfertigte.*

Das Selbstverständnis des Jesuiten als »contemplativus in actione« verbindet eine Hochschätzung des Studiums mit der Heiligkeit weltlicher Arbeit. Diese Haltung lässt sich sehr gut in Einklang bringen mit naturwissenschaftlicher Gelehrsamkeit. Außerdem gibt es auch apostolische Gründe, um Zeugnis zu geben vom Leben aus dem Glauben in einem Bereich der Welt, der oft als atheistisch galt. Zudem sollte ein notwendiger und fruchtbarer Dialog gepflegt werden zwischen Theologie und Naturwissenschaften. Schließlich waren es Gründe der Nächstenliebe, die humanitäre Hilfe bringen sollten für die Menschen, was von Anfang an die naturwissenschaftliche Arbeit rechtfertigte.

Die Astronomie hat eine lange Tradition bei den Jesuiten. Für die Jesuiten in China war die Wissenschaft ein wichtiges Instrument, um Glaubwürdigkeit zu gewinnen, wenn sie mit den Menschen sprechen. Das ist heute sicher nicht mehr das zentrale Motiv. Heute haben die Menschen von sich aus ein Interesse, mit einem Theologen und Naturwissenschaftler zu sprechen. Der tiefere Grund, warum Jesuiten sich dafür entscheiden, auch Naturwissenschaftler zu werden, ist sicher derselbe, der jeden anderen Wissenschaftler auch motiviert: Neugier und eine tiefe Liebe zum Universum. Guy Consolmagno SJ, Research Scientist an der University of Arizona, dessen Forschungsgebiet die Untersuchung der Astroiden ist, differenziert: *Der einzige Unterschied zu anderen Astronomen ist wohl der, dass für einen Jesuiten die Liebe zur Natur gleichzeitig auch die Liebe zu seinem Schöpfer ist.*

Im Juli 2007 hat die Vatikanische Sternwarte in Castel Gandolfo eine »Sommerschule« veranstaltet und 27 Studenten aus 22 Ländern aller fünf Kontinente eingeladen, sich an der Erforschung von Planeten außerhalb unseres Sonnensystems zu beteiligen. Auf die Frage, ob der Blick in die Weiten des Alls auch zu Gott führen kann, antwortete José Funes SJ, der Leiter der »Specola«: Die Wissenschaft führt uns zur Frage, warum es dieses Universum mit Milliarden Galaxien gibt und nicht vielmehr nichts. Die Frage nach dem Sinn all dieser Schönheit im Universum kann einen dazu bringen, danach zu fragen, wer dies alles erschaffen hat. Wenn einer sein Herz öffnet und seinen Geist, dann denke ich, kann man den Schöpfer all dieser Schönheit erkennen.

Durch die Jahrhunderte hindurch haben die Jesuiten als Naturwissenschaftler an eigenen Kollegien und auch in anderen Institutionen, wie den von Jesuiten geleiteten Sternwarten gelehrt und geforscht. Viele andere Jesuiten haben als Naturwissenschaftler an staatlichen Instituten und Universitäten gearbeitet. So hat der deutsche Jesuit Prof. Dr. Otto Schärpf (geb. 1929) als theoretischer Physiker in Braunschweig, Grenoble und München mit Magnetismus, Elektronenoptik und Neutronenphysik beschäftigt und ein Neutronenmessgerät entwickelt. Für ihn ist Jesuit und Physiker kein Widerspruch, wie er 1989 formuliert hat: *Ich frage mich oft, was die Arbeit eines Christen und Ordensangehörigen von der anderer Menschen unterscheidet. Ich meine, der Unterschied liegt nicht im »Was« sondern im »Wie«, genauer: darin, dass er »Gott in allen Dingen finden« kann, wie Ignatius von Loyola sagt. Und man muss wirklich fähig sein, dieses »Gott in allen Dingen finden« ganz selbstverständlich zu leben, wir müssen ganz davon durchdrungen sein, ohne dass wir noch ausdrücklich daran denken müssten. Dann ist es uns zur zweiten Natur geworden. – Dieses »Gott in allen Dingen finden« hat natürlich sehr verschiedene Seiten: Es ist ein Immer-wieder-Gott-Begegnen und Mit-ihm-zu-tun-Haben. Dabei reagiert er und auch man selbst. So zeigt er mir bei meinen derzeitigen Untersuchungen gerade, wie ich die verschiedenen Ergebnisse verstehen kann. Das heißt, in dem schöpferischen Akt des Messprozesses begegne ich ihm und er lässt mich dahinter kommen, Dinge zu finden, die andere übersehen haben. Und das macht so viel Spaß, dass man gar nicht anders kann als Begeisterung darüber auszustrahlen. Das ist eine Art des Lobgebetes.*

Schärpfs Worte, 1999 befragt zur Verbindung seines Berufes als Naturwissenschaftler und seiner Berufung als Jesuit, könnten auch von Scheiner, Kircher oder den anderen frühen Naturwissenschaftler-Jesuiten stammen. Und sie leiten über in unsere Zeit, zeigen die Aktualität der Vergangenheit: *Gewöhnlich wird der Glaube nur als ein Wissen betrachtet. In Wirklichkeit ist er aber etwas, wo wir auch etwas können. Und das wird sehr häufig vergessen, dass das auch ein Können vermittelt, dieses Wissen, und dass es sozusagen ein Experiment ist. Wir haben die Experimentalphysik gesehen. Dass es auch eine experimentelle Theologie gibt, das heißt, dass man mit den Wirklichkeiten, mit denen der Glaube sich beschäftigt, auch experimentelle Erfahrungen hat. Dass man da irgendwo mit Gott zu tun hat. So wie wir mit den Dingen spielen, spielen wir auch mit Gott und freuen uns darüber, und er freut sich auch über diese Vertraulichkeiten mit ihm. Und irgendwo ist dieses, was wir da tun als Physik, Teilhaben an der Freude Gottes, an seiner Schöpfung, die ausgedrückt ist in der Genesis mit dem »Er sah, dass es gut war«. Das heißt, es hat ihm irgendwo Spaß gemacht. Und an dem Spaß nehmen wir teil und haben auch Spaß daran. Die Schöpfung, die Evolution, die geht weiter mit unserer Tätigkeit – das sind wir mit allem an dem, was Gott plant und vorhat mit der Welt.*

Anhang

Literatur/Medien (Auswahl)

Jesuiten

Rita Haub: Die Geschichte der Jesuiten, Darmstadt 2007.
Bernhard Duhr: Geschichte der Jesuiten in den Ländern deutscher Zunge, 4 Bände, Freiburg-München-Regensburg 1907–1928.
Ludwig Koch (Hg.): Jesuiten-Lexikon, Paderborn 1934 (Ndr. 2 Bände Löwen-Heverlee 1962).
Albert Liess (Red.): Die Jesuiten in Bayern 1549–1773 (= Ausstellungskatalog der Staatlichen Archive Bayerns 299), Weißenhorn 1991.
Beatrix Ettelt (Red.): Jesuiten in Ingolstadt 1549–1773 (= Ausstellungskatalog), Ingolstadt 1991.
Walter Nissel/Wilhelm Remes: Die Jesuiten in der Philatelie – Eine Geschichte der Gesellschaft Jesu auf postalischen Belegen aller Länder, Rommerskirchen 2005.

Naturwissenschaftler-Jesuiten

Claude Cuénot: Pierre Teilhard de Chardin. Leben und Werk, Olten 1966.
Franz Daxecker: Der Physiker und Astronom Christoph Scheiner, Innsbruck 2007.
Jocelyn Godwin: Athanasius Kircher. Ein Mann der Renaissance und die Suche nach verlorenem Wissen, Berlin 1995.
Hubert Gundolf: Der reitende Padre. Auf den Spuren des Welschtiroler Jesuitenmissionars Eusebio Kino in Amerika, Innsbruck 1995.
Johann Hoffmann-Herreros: Matteo Ricci. Den Chinesen Chinese sein – ein Missionar sucht neue Wege (= Topos Taschenbuch 202), Mainz 1990.
Ignaz Kögler 1680–1746. Festschrift des Ignaz-Kögler-Gymnasiums anlässlich der 250. Wiederkehr des Todesjahres, Landsberg am Lech 1996.
Lydia La Dous: Galileo Galilei – Zur Geschichte eines Falls (= Topos plus Taschenbuch 613), Kevelaer 2007.

Felix Plattner: Jesuiten zur See – Der Weg nach Asien, Zürich 1946.
Beatrix Schönewald (Hg.): Festschrift Christoph Scheiner SJ (1575–1650) (= Sammelblatt des Historischen Vereins Ingolstadt 109 Jg. 2000), Ingolstadt 2001.
Beatrix Schönewald (Hg.): Sonne entdecken – Christoph Scheiner 1575–1650, Ingolstadt 2000.
Alfons Väth: Johann Adam Schall von Bell SJ. Missionar in China, kaiserlicher Hofastronom und Ratgeber am Hofe von Peking 1592–1666 – Ein Lebens- und Zeitbild, Nettetal 1991.
Hans-Joachim Vollrath (Hg.): Wunderbar berechenbar – Die Welt des Würzburger Mathematikers Kaspar Schott 1608–1666, Würzburg 2007.

Video

Mönche, Grübler und Gelehrte: Ein Film von Norbert Göttler, 1999 BR, © 2002 DiaDienst Medien GmbH, München.
Pater Glasgucker – Christoph Scheiner. Jesuit und Astronom: Ein Film von Martin Pfeil, 2000 Intv-Media Produktion Ingolstadt, © 2000 DiaDienst Medien GmbH, München.
Zu Pferd durch die Wüste – Das Leben des Forschers und Missionars Eusebio Kino SJ: Eine Dokumentation von Christoph Pauselius und Christof Wolf, © 2002 DiaDienst Medien GmbH, München.
Das Paradies liegt vor uns – Pierre Teilhard de Chardin 1881–1955, Ein Film von Walter Rupp SJ, 1980 Tellux-Film, © 2005 DiaDienst Medien GmbH, München.

Historische Romane

Umberto Eco: Das Foucaultsche Pendel, München 1989 (Athanasius Kircher SJ).
Umberto Eco: Die Insel des vorigen Tages, München 1995 (Kaspar Schott SJ).
Uli Franz: Im Schatten des Himmels, München 2000 (Adam Schall von Bell SJ).
Dava Sobel: Galileis Tochter, Berlin 1999 (Galileo Galilei, Christoph Scheiner SJ).

Philipp Vandenberg: Der Fluch des Kopernikus, Bergisch-Gladbach 1996 (Nikolaus Kopernikus, Christoph Clavius SJ).

Informationen über Jesuiten in Geschichte und Gegenwart im Internet: www.jesuiten.or

Abbildungen

Almagestum novum, 1651: S. 15.
Archiv des Kollegium Maximum SJ, Innsbruck. Denkschrift für den Bau der Jesuitenkirche in Innsbruck – Memoriale P. Scheineri pro fabricia 1621. Fabricia Templi, pp. 86, 87: S. 31, 32.
Du Halde, Jean Baptiste: Description de la China, Paris 1735: S. 87.
Locher, Johann Georg – Scheiner, Christoph: Disquisitiones mathematicae, de controversiis et novitatibus astronomicis, Ingolstadt 1614, p. 58: S. 29.
Stadtmuseum, Ingolstadt: „Bassgeigenporträts“ S. 20, 36, 39, 45; S. 61.
Stadtmuseum, Landsberg am Lech: S. 69.
Universitätsbibliothek, Würzburg. Schott, Kaspar: Schola steganographica, Nürnberg 1665: S. 55.
Wissenschaftliche Stadtbibliothek, Ingolstadt: S. 41.